KB199978

기도로 원수를 밟으라

E. M. 바운즈 기도 클래식(E. M. Bounds Prayer Classics)

주님은 교회가 '기도하는 집'이라고 말씀하셨다막 11:17. 그렇다면 교인들은 '기도하는 사람들'이다. 그러나 요즘의 교회는 기도하는 집이 아니라 '공연소★하는 곳'이 되었고, 교인들은 기도하는 사람들이 아니라 관중觀衆이 되었다. 우리의 심령과 교회에 성령님이 계시지 않는데도 거짓된 평안에 안주하여 부르짖지 않는다. 오늘 우리의 심령의 문, 교회의 문을 열면 마치 냉동고의 문을 열 때와 같은 싸늘한 냉기가 느껴지지 않는가? 이제 우리의 현실을 직시하고 우리의 차가운 심령과 교회에 기도의 불을 지펴 성령의 용광로가 펄펄 끓는 곳이 되게 하자! 이에 규장은 역사적으로 그 능력이 검증된 기도의 화부火夫, 기도의 선지자 'E. M. 바운즈 기도 클래식 시리즈'총 10권 예정를 발행하여 한국의 모든 그리스도인의 심장에 기도의 불을 붙이려 한다. 기도의 화염방사기 바운즈가 당신의 심장을 하늘 불로 타오르는 심장으로 만들어줄 것이다.

Originally published in English under the title of

GUIDE TO SPIRITUAL WARFARE

by E. M. Bounds

기도로 원수를 밟으라

E. M. 바운즈 지음

배응준 옮김

규장

Tiziano Vecellio(1477~1576), 〈Luke the Evangelist〉

지금 당신의 위치를 기뻐하십시오.
하나님께서 당신을 괴롭히는 마귀에게서
당신을 구해주시기를 소망합니다.
하지만 마귀는 천국으로 향하는 길에 큰 도움이 됩니다.
마귀가 악독한 술수를 쓰면 쓸수록 우리는
천국을 향해 더욱더 전진할 것이기 때문입니다.
더 많이 기도하십시오.
하나님께서는 당신의 기도에 편을 들어주시겠지만,
마귀는 그것에 반대할 것입니다.
하지만 그럴수록 더욱더 밀고 나가십시오.
기도하십시오! 기도하십시오! 항상 기도하십시오!

적당히 기도하라는 마귀와 타협하지 말고
더욱더 기도로 밀고 나가라!

당신이 1900년대 초반 미국에 살았다면 어느 작은 마을을 방문하여 희한한 광경을 목격할 수 있었을 것이다. 다름 아닌 바운즈 목사가 자신의 원고 뭉치를 들고 부지런히 발걸음을 옮기는 광경이다. 다 쓴 봉투 뒷면에 기록한 그의 원고들이 끈으로 묶여 있다. 그는 친구들에게 자신의 원고를 출판해줄 사람을 세워주시도록 기도해달라고 계속 부탁하며, 책을 출판해줄 사람을 찾는 중이었다.

이에 대해 바운즈 목사의 학구적인 친구 칠튼 목사가 이렇게 말했다.

"그 원고 뭉치를 받아서 세상에 책으로 내놓기 위해 시간을 투자하려고 한 사람은 이 땅에서 지금의 편집장 외에는 아무도 없습니다. 이 책의 편집장과 자료 수집자와 검토자들은, 그들이 '영원의 세계'에 들어갈 때 비로소 세상이 이 책의 진가를 깨달을 수 있을 텐데도 기꺼이 출판을 맡아주었습니다."

바운즈 목사가 집필한 책들과 아직 출간되지 않은 원고들을 수집하고 교정하고 손질하고 편집하는 데 도움을 아끼지 않은 분들에게 감사의 말을 전하고 싶다. 특히 1905년에 바운즈 목사를 우리에게 소개하면서, 이 시대 기도의 사도使徒인 바운즈 목사를 통해 기도하는 법과 말씀을 전하는 법을 배워야 한다고 역설했던 조지아 주州 게인스빌의 로버트 스미스Robert Smith 목사에게 감사의 뜻을 전한다.

바운즈 목사가 세상을 떠나기 직전에 내게 보낸 편지의 몇 구절을 여기에 소개하겠다. 이 구절들이야말로 원수 마귀의 손이 닿을 수 있는 곳에서 영원히 벗어나기 전에 그가 원수를 어떤 시각으로 바라보았는지 잘 보여준다.

"나는 기도에 더욱더 전념하고 있습니다. 우리의 유일한 소망은 하나님 안에 있습니다. 나는 당신에게 진심으로 공감하며 당신을 위해 기도하고 있습니다. 늘 애정 어린 마음으로 당신을 생각하고 있습니다.

　지금 당신의 위치를 기뻐하십시오. 하나님께서 당신을 괴롭히는 원수에게서 당신을 구해주시기를 소망합니다. 하지만 마귀는 천국으로 향하는 길에 큰 도움이 됩니다. 마귀가 악독한 술수를 쓰면 쓸수록 우리는 천국을 향해 더욱더 전진할 것이기 때문입니다.

　더 많이 기도하십시오. 새벽 4시를 기도의 시간으로 지키십시오. 하나님께서는 당신의 기도에 편을 들어주시겠지만, 마귀는 그것에 반대할 것입니다. 하지만 그럴수록 더욱더 밀고 나가십시오.

　왜냐하면 당신이 지나치게 많이 기도하는 일은 없을지 몰라도, 지나치게 적게 기도하는 일은 일어날 수 있기 때문입니다. 마귀는 일반적인 기준에 따라 아침과 밤에만 잠깐 기도하라고 당신에게 타협안을 내놓을 것입니다.

　그러나 우리가 하나님께 그보다 더 잘하지 못한다면 지옥은 우리 같은 사람들로 미어터질 것입니다.

　기도하십시오! 기도하십시오! 항상 기도하십시오! 언제나 기도하십시오! 더욱더 기뻐하십시오! 쉬지 말고 기도하십시오! 범사에 감사하십시오!"

많은 사람들이 이 책을 읽고 가르침을 받기를, 더 성결해지고 더욱더 경건해지기를 소망한다. 바운즈 목사의 이 책으로 하나님께서 특별한 영광을 받으시기를 간절히 소망한다.

호머 핫지 *Homer W. Hodge*

Contents
차례

너 아침의 아들 계명성이여 어찌 그리 하늘에서 떨어졌으며 너 열국을 엎은 자여 어찌 그리 땅에 찍혔는고 네가 네 마음에 이르기를 내가 하늘에 올라 하나님의 뭇 별 위에 내 자리를 높이리라 내가 북극 집회의 산 위에 앉으리라 가장 높은 구름에 올라가 지극히 높은 이와 같아지리라 하는도다 그러나 이제 네가 스올 곧 구덩이 맨 밑에 떨어짐을 당하리로다 사 14:12~15

01

원수를 제대로 알아야
영적 전쟁에 대비할 수 있다

천사의 타락

성경은 마귀(사탄)의 기원에 대해 직접적인 진술을 하지 않는다. 성경 어디에도 마귀의 출생에 대한 암시나 마귀의 창조에 대한 언급이 없다. 다만 성경은 마귀가 인류 역사에 엄청난 문제를 초래할 때에만 마귀에게 관심을 보인다. 우리는 마귀가 담당하는 파괴와 죽음의 사건 속에서 마귀의 존재를 어렴풋하게 알아차릴 뿐이다. 그러나 이렇게 어렴풋이 알아차리는 것만으로도 마귀가 하는 일이 그리스도의 일과 뜻에 현격하게 대조되며 상반된다는 것을 알 수 있다. 이 추론은 마귀가 원래 정결했던 존재요, 하나님과 신령한 관계를 맺었던 존재요, 하늘의 품성과 행실을 지닌 천상天上의 존재였다는 사실을 암시한다. 실제로 마귀는 자신의 자리를 지키지 않고 떠난 천사들의 우두머리였고, 지금도 여전히 그렇다.

베드로는 천사의 타락을 하나님의 공의公義와 공의의 확실성과 두려움을 예시하는 하나의 사건으로 보았다.

> 하나님이 범죄한 천사들을 용서하지 아니하시고 지옥에 던져 어두운 구덩이에 두어 심판 때까지 지키게 하셨으며
>
> 벧후 2:4

예수님의 동생 유다 또한 하나님께서 타락한 천사들을 향해 확고한 진노를 발하셨다고 기록했다.

> 자기 지위를 지키지 아니하고 자기 처소를 떠난 천사들을 큰 날의 심판까지 영원한 결박으로 흑암에 가두셨으며
>
> 유 1:6

요한계시록은 이런 사실에 또 하나의 증거를 보탠다.

하늘에 전쟁이 있으니 미가엘과 그의 사자들이 용과 더불어 싸울새 용과 그의 사자들도 싸우나 이기지 못하여 다시 하늘에서 그들이 있을 곳을 얻지 못한지라 큰 용이 내쫓기니 옛 뱀 곧 마귀라고도 하고 사탄이라고도 하며 온 천하를 꾀는 자라 그가 땅으로 내쫓기니 그의 사자들도 그와 함께 내쫓기니라 계 12:7-9

말씀이 계시하는 그대로 받아들여라

우리는 하나님의 말씀에서 마귀의 발자취를 발견할 수 있다는 확신과 마귀의 행한 바를 알 수 있다는 확신을 가지고 말씀을 연구할 수 있다. 마귀가 사악한 계략으로 이 땅의 무수한 빛을 가리고, 이 땅의 수많은 약속과 소망을 망쳐놓았다고 하나님의 말씀이 증거하고 있기 때문이다.

우리가 말씀을 읽을 때는 어린아이처럼 믿는 마음이 있어야 한다. 말씀이 전하는 모든 것들을 "모든 더러운 것과 넘치는 악을 내버리고… 마음에 심어진 말씀을 온유함으로"(약 1:21) 받아들여야 한다. 그러면 진리가 주는 만족을 얻을 것이며, 진리가 비추는 조명照明을 받게 될 것이다. 또한 우리가 호기심을 충족하거나 철학의 세련된 주장에서 조명을 찾는 일은 하지 않을 것이다. 대신 신중하고, 믿어 의심치 않고, 기도하는 심령이 최상의 진리로 믿는 진리에 부합하는 모든 것 속에서 만족과 조명을 얻게 될 것이다.

성경에는 인간의 구속救贖에 관한 역사와 사실이 있다. 세상의 다른 모든 것과 모든 존재는 구속의 뜻과 계획의 빛 안에서만 두드러진다. 부차적인 것이든 본질적인 것이든 성경에 계시된 이 사실들과 우리 믿음의 관계는 자연의 사실과 생물학을 공부하는 학생들의 관계와 같다. 우리는 계시된 사실들을 이론으로 구체화하고 확고한 소신으로 정립해야 한다. 인간의 이성理性은 성경이 계시하는 사실을 무시하거나 거부하면 안 된다. 오히려 성경을 모든 조사에 견고한 토대로 삼고, 모든 가설의 근거로 삼아야 한다. 우리에게 계시와 이성이 조화를 이루는 미지의 지대에 도달할 능력이 없을지라도 성경의 사실은 우리의 믿음을 요구한다.

하나님의 말씀은 보이지 않는 세계, 곧 그 세계의 인격적 존재와 장소, 사실과 역사를 명백히 보여준다. 그렇다고 해서 이런 것들이 성경에 아주 상세하게 계시되어 있는 것은 아니다.

그러나 적어도 이런 것들은 우리의 생각을 일으키고 믿음을 북돋우기에 충분한 정보들과 함께 계시되어 있다.

성경에 계시된 원수

성경은 하나님의 존재와 하나님이 인격적인 분이심을 증명하기 위한 논의에 착수하지 않는다. 하나님의 존재를 당연하게 여기고 하나님의 인격과 성품을 계시할 뿐이다. 성경은 하나님에 대한 서론을 생략한 채 하나님을 모든 위엄과 전능하심 가운데 계신 분으로 우리 앞에 제시한다. 하나님께서는 세상의 시작에 계셨고, 모든 것들의 시작을 창조하셨다.

> 태초에 하나님이 천지를 창조하시니라 창 1:1

성경이 밝히는 하나님의 첫인상이 실로 장엄하고 인상적이지 않은가! 성경은 하나님을 어떤 논의를 통해 드러내는 것이 아니라 하나님이 하시는 '일'을 통해 계시하고 있다. 우리는 하나님께서 하시는 '일'을 통해 하나님이 '어떤 분'이신지를 배운다.

원수에 관한 성경의 계시도 마찬가지이다. 성경은 마귀에 대해서도 어떤 서론이나 격식을 생략한 채 그저 악한 자, 기만과 악의 학교를 졸업한 자로 표현한다. 무대의 막幕이 걷히자마자 '마귀'라는 배우가 무대의상을 차려입고 바로 등장한다. 이로써 세상은 위험에 처하게 되며, 인간은 유혹을 당하고 에덴은 타락한다. 성경은 마귀의 과거 행적에 대해 어떤 계시도 하지 않는다. 심지어 마귀가 사악한 술수를 어디에서 어떻게 배웠는지에 대한 정보도 전달하지 않는다. 마귀는 우리가 땅에 살기 전부터 존재했지만, 에덴도 마귀의 기원에 대해 설명하지 않는다. 에덴의 유혹은 마귀 역사의 제1장도 아니요 마귀가 자신의 사악한 기교를 최초로 테스트해본 사건도 아니었다.

하지만 우리는 에덴 이전의 문서에 접근할 수 없다. 에덴이 우리의 시계視界를 제한하기 때문이다. 마귀가 에덴에 등장한 후 마귀의 역사는 인류의 역사와 평행선을 그리며 나란히 전개되었다. 인간은 마귀가 품은 간악한 계략의 목표요, 마귀의 파괴적인 책략의 과녁이요, 마귀의 야심의 대상이다. 땅은 마귀가 좋아하는 착취의 현장이다. 마귀는 모든 아기들의 요람을 서성거리며 각 사람의 성품과 운명을 제멋대로 결정하기 위해 부지런히 손발을 놀리고 있다.

성경은 철학이나 시詩나 과학이 아니라 하나님의 계시이다. 성경은 보이지 않는 세계의 상황과 인격체들을 계시한다. 인간이 발견할 수 있는 범위는 물론 우리의 시야 밖에서 살아 움직이는 인격체들에 대해 있는 그대로 계시한다.

성경의 계시는 이성理性에 반하지 않는다. 오히려 이성을 초월한다. 성경의 계시는 인간이 소유한 능력 가운데 가장 고결한 능력인 믿음의 발현을 요구한다. 이성의 힘으로는 성경이 증거하는 사실을 다 깨달을 수 없지만, 이 사실은 이성을 위한 것이다. 우리의 이성이 성경의 계시를 통해 빛을 더 비추고, 힘을 더 키우고, 한 차원 더 높아질 수 있기 때문이다. 그러나 본질적으로 성경의 계시는 우리의 믿음을 형성하고 키우고 온전하게 하기 위한 것이다.

원수를 바로 알고 싸워라

성경은 원수 마귀를 막연한 상징이나 단순한 영향력으로 계시하지 않는다. 성경은 마귀를 인격체로 계시한다. 마귀는 인격화된 존재일 뿐 아니라 실재하는 인격체이다. 그리스도께서는 유대인들의 잔혹함과 거짓과 사기와 위선을 고발하시며 "너희는 너희 아비 마귀에게서 났으니 너희 아비의 욕심대로 너희도 행하고자 하느니라 그는 처음부터 살인한 자요 진리가 그 속에 없으므로 진리에 서지 못하고"(요 8:44)라고 말씀하셨다.

지난 세기 동안 수많은 '신화'myths가 마귀라는 인격체 주변에 모여들었다. 수많은 시와 전승과 심지어 두려움조차 마귀라는 인격체를 풍자적으로 묘사하고 마귀의 성격을 터무니없이 과장했다. 성경이 말하는 것과 다른 색으로 마귀의 소행에 덧칠을 했다. 그러나 마귀에 대한 진리, 단순하고도 적나라한 진리가 있다.

물론 우리가 반드시 알아야 할 원수에 대한 진리는 많다. 오늘 이 시대보다 마귀에 대한 확실한 진리가 더 필요한 시대도 없다. 우리에게는 경고로, 경계를 촉구하는 동기로, 노력을 자극하는 영감靈感으로 그 진리의 빛이 필요하다. 우리에게는 우리 원수에 대한 지식이 필요하다. 사람들이 분발하여 행동에 나서도록 하기 위해 원수의 존재와 특성과 힘에 대한 지식이 필요하다. 이 지식은 승리에 없어서는 안 될 중요한 요소이다.

그런데 사탄의 존재와 사탄이 우리 삶에 미치는 영향력을 부정하는 사람들이 많다. 이들의 주장대로라면, 그리스도께서 단지 미신迷信을 조장하기 위해 제자들과 유대인들 앞에서 그렇게 명백하고도 엄숙한 단어들을 반복적으로 사용하셨다는 말인가? 복음서에 기록된 귀신 들린 사건의 실제성을 부정하는 일은 상상할 수도 없다.

셀 수 없이 많은 원수의 세력

마귀가 타락했을 때 마귀를 추종하던 다른 천사들도 함께 타락했다. 이것은 성경의 가르침이다. 성경에 타락한 영들의 수數에 대한 기록은 없다. 에베소서 기자는 보이지 않는 영적 원수들을 '영들의 큰 무리'(엡 6:12, spiritual hosts, Revised Version)라고 칭한다. 이는 보이지 않는 원수들의 수가 셀 수 없을 정도로 많다는 것을 시사한다.

우리는 원수의 수가 얼마나 많은지 알 수 없다. 그리스도께서 거라사 지방의 귀신 들린 사람에게 "네 이름이 무엇이냐?"라고 물으셨을 때 그 사람은 "군대(legion, 군단)입니다!"라고 대답했다.

예수께서 네 이름이 무엇이냐 물으신즉 이르되 군대라 하

니 이는 많은 귀신이 들렸음이라 눅 8:30

당시 로마의 1개 '군단'legion은 6천 명 규모의 병력이었다. 군단이라는 표현으로 미루어 볼 때, 타락한 영들의 수가 엄청나게 많은 게 틀림없다. 그렇게 많은 귀신들이 한 사람에게 들어갈 만한 수적數的 여유가 있었다는 점이나 막달라 마리아의 경우처럼 일곱 귀신을 시켜 한 여인을 괴롭게 한 점을 볼 때 그렇다.

요한계시록에 "보라 한 큰 붉은 용이 있어… 그 꼬리가 하늘의 별 삼분의 일을 끌어다가 땅에 던지더라"(계 12:3,4)라는 말씀이 있다. 이 말씀은 천사와 그들 무리의 타락을 언급한 말씀이다. 그런데 그 수가 하늘의 별의 삼분의 일이나 된다니!

성경은 마귀를 따르는 타락한 천사 추종자들이 엄청나게 많다고 명백히 진술한다. 그들은 인간을 해치고 이 땅에서 하나님나라를 전복시키기 위해 만반의 준비를 하고 있다.

01 원수 마귀는 타락한 천사들의 우두머리였다.

성경은 마귀의 기원이나 출생에 대해 직접적인 진술을 하지 않는다. 마귀가 담당하는 파괴와 죽음의 사건 속에서 마귀의 존재를 어렴풋하게 알아차릴 뿐이다. 마귀는 원래 정결했던 존재요, 하나님과 신령한 관계를 맺었던 존재요, 하늘의 품성과 행실을 지닌 천상의 존재였다. 실제로 마귀는 자신의 자리를 지키지 않고 떠난 천사들의 우두머리였다.

02 성경에서 원수의 발자취를 추적할 수 있다.

우리는 하나님의 말씀에서 마귀가 어떻게 행했는지를 알 수 있다는 확신을 가지고 성경을 연구해야 한다. 성경이 하나님의 존재를 논의를 통해 드러내지 않고 하시는 일을 통해 나타냈듯이, 마귀에 대해서도 어떤 서론이나 격식을 생략한 채 그저 악한 자, 기만과 악의 학교를 졸업한 자로 표현한다. 우리에게는 말씀이 전하는 것을 의심하지 않는 믿음이 있어야 한다.

03 원수 마귀는 분명한 인격체이다.

성경은 마귀를 막연한 상징이나 단순한 영향력으로 계시하지 않고 인격체로 계시한다. 마귀는 인격화된 존재일 뿐 아니라 실재하는 인격체이다. 우리는 원수의 존재와 원수가 우리 삶에 미치는 영향력을 부정하면 안 된다. 오늘 이 시대는 마귀에 대한 확실한 진리를 요구한다. 원수의 특성과 존재와 힘에 대한 지식이 있어야 원수와 싸워 승리할 수 있다.

모든 더러운 것과 넘치는 악을 내버리고 너희 영혼을
능히 구원할 바 마음에 심어진 말씀을 온유함으로 받으라
에베소서 1장 21절

✤

너희는 너희 아비 마귀에게서 났으니 너희 아비의 욕심대로 너희도 행하고자 하느니라 그는
처음부터 살인한 자요 진리가 그 속에 없으므로 진리에 서지 못하고 거짓을 말할 때마다 제
것으로 말하나니 이는 그가 거짓말쟁이요 거짓의 아비가 되었음이라 **요 8:44**

02

하나님의 전신갑주를 입고
원수를 대적하라

평판과 성품이 일치하는 유일한 존재

마귀는 뚜렷한 성격을 소유한 하나의 인격체이다. 성격은 한 인간에게 가치와 존엄성을 줄 수도 있지만, 한 인간을 타락시킬 수도 있다. 성격은 한 인간의 행동과 삶을 형성하는 내적 內的 생명이며, 인간 행위의 근원이요, 머리요, 흐름이다.

그러나 한 인간의 성격은 그 사람에 대한 다른 이들의 평판과는 종종 엇갈린다. 성격은 우리 자신의 모습이고, 평판은 다른 사람들이 바라보는 우리의 모습이다. 우리의 '실제' 모습과 다른 사람들이 '생각하는' 우리의 모습은 종종 전혀 다른 두 개의 세상이 된다. 세상 사람들이 우리의 실제 성격에 기초하여 우리를 평한다면, 다시 말해 실제 모습과 세상의 평판이 하나가 된다면 그보다 더 좋은 것은 없을 것이다. 하지만 실제로는 나쁜 평판이 좋은 성격과 연결되기도 하며 좋은 평판이 나쁜 성격을 덮기도 한다.

그런데 마귀에게는 매우 독특한 특징이 있다. 그 특징은 바로 마귀의 평판이 곧 마귀의 성격에 근거한다는 점이다. 마귀의 경우, 그 둘은 하나이다. 마귀에 대한 평판은 좋지 않다. 그 이유는 마귀의 성격이 더 나쁘기 때문이다.

세상의 조종자

마귀는 창조된 존재이다. 따라서 마귀는 독립적으로 존재하지 않고 영원히 존재하지도 않는다. 마귀는 제한적이며 유한한 존재이다. 이 말은 마귀가 존재하지 않았던 때와 마귀가 존재하기 시작한 시점이 있었다는 뜻이다. 마귀는 천사 계급의 창조를 따라 창조되었다. 천사들은 인간처럼 가족관계를 통해 부모로부터 태어나지 않았다. 그래서 천사들은 아이의 유약한 감정, 훈련, 사랑스러움, 성장 같은 것들을 모른다. 그들에게는 해산의 수고와 기쁨이 없다. 천사들은 태어나지 않고 창조된다. 하나님께서 직접 천사를 창조하신다. 마귀는 천사로, 의심의 여지없이 매우 선하게 창조되었다. 마귀의 정결함과 위풍당당함은 천국에서 축하와 경이와 찬양의 원천이었다.

마귀는 적극적인 성격이다. 다시 말해 지금은 자신의 정체를 숨기고 있지만 언제나 목표를 한 방향으로 설정하고 나아간다. 마귀는 두 얼굴을 가지고 있지만 결코 두 마음을 품지 않으며, 우유부단하거나 막연하지도 않다. 또 자신의 뜻이나 목표를 이루는 데 결코 취약하지 않다. 마귀에게서 우유부단함이나 머뭇거림, 목적 없는 무의미한 행동이 나온 적이 없다.

실제로 마귀에게 '뿔'이 달리지 않았어도 성격은 분명히 있다. 우리는 뿔보다 훨씬 더 단단하고 예리한 마귀의 성격을 느낄 수 있다. 모름지기 성격은 느껴지는 법이다. 마귀는 이런저런 것들을 명령하고 상황을 통제하는 대단한 조종자이다. 마귀는 악한 인간들과 타락한 천사들을 조종하는, 사악하고 천한 세상의 조종자이다.

인격적 존재

그리스도는 한 분 인격이시다. 그분은 마귀를 힘세고, 뛰어나고, 사악한 하나의 인격으로 자신과 대조시키셨다. 마귀는 그리스도께서 선한 것들을 뿌리는 것과 반대로 세상에 모든 악한 것들을 뿌린다.

> 밭은 세상이요 좋은 씨는 '천국의 아들들'이요 가라지는 '악한 자의 아들들'이요 가라지를 뿌린 원수는 마귀요 추수 때는 세상 끝이요 추수꾼은 천사들이니 마 13:38,39

그리스도가 인격이 없는 분으로 보이는가? 이 말씀에서 '천국의 아들들'은 인격이 없는 자들인가? '악한 자의 아들들'은 인격이 없는가? 그리스도와 천국의 아들들은 인격적인 존재가 아닌가? 악한 자의 아들들과 마귀 또한 인격적인 존재들이 아닌가?

성경은 마귀가 인격이 있는 존재임을 명백한 사실로 확증한다. 마귀는 다른 이들에게 악의 근원일 뿐 아니라 인격 자체가 악의 구현체이다. 성경은 이 점을 분명히 밝히고 있다. "악에서 구하옵소서"라는 주기도문의 간구를 영어개역성경 Revised Version은 "악한 자에게서 구하옵소서"(마 6:13, deliver us from the evil one)라고 번역했다. 그리고 그리스도께서 제자들이 비인격적이고 일반적인 악에 빠지지 않게 지켜달라고 기도하실 뿐 아니라 "그들을 악한 자에게서 지켜주시기를"(요 17:15, keep them from the evil one, RV) 기도하시는 모습을 발견할 수 있다.

"온 세상은 '악한 자'(마귀) 안에 처한 것이며"(요일 5:19)라는 요한의 진술 또한 마귀를 인격적인 존재로 나타내고 있다. 이 구절은 모든 사악함이 마귀 한 개인에게 집중된 것으로 묘사한다. 그리고 마귀를 '악한 자'라고 칭함으로써 마귀에게 인격이 있는 것으로 간주한다. 우리는 앞에서 마귀가 모든 '악의 아비'이므로 마귀에게 '부성'父性이 있다는 점을 살펴보았다. 마귀는 예수님의 원수이다. 즉, 파괴적이고 활동적이고 교활하고 신중하고 비열한 원수이다.

악의 임금

마귀와 마귀의 사자使者들은 등급이나 계급 면에서나 지적인 면에서 타락한 아담의 자손들보다 더 높은 위치에 있다. 성경은 마귀를 세상의 통치자, 곧 "이 세상의 임금"(요 12:31)이라 칭한다. 또한 성경RV은 마귀를 "마귀와 그 천사들"(마 25:41, the devil and his angels, 개역개정성경에는 '마귀와 그 사자들'로 번역했다 - 역자 주)이라 일컫고 있다. 그러나 마귀와 마귀를 추종하는 천사들은 자신들의 죄에 대한 책임을 져야 한다. 그들은 하나님께서 본래 정해주신 처소, 곧 자신들의 창조 목적에 합당한 영역을 떠나 하나님께 반기를 든 죄로 정죄를 받았다.

그들의 타락 사실과 그들에 관한 성경의 다른 모든 진술들은 그들이 인격적 존재임을 직간접적으로 강조하고 있다. 그들은 살아 움직이고, 활동하고, 자유롭지만 책임도 있다. 타락한 천사들에게는 그들의 모든 활동을 조직적으로 편성하고, 술책과 지도력과 솜씨가 가장 뛰어난 우두머리 임금이 있다. 우리는 이 사실을 마귀와 마귀를 추종하는 천사들에 관한 성경의 진술을 통해 분명히 알 수 있다.

바울은 고린도후서에서 이렇게 말했다.

그런 사람들은 거짓 사도요 속이는 일꾼이니 자기를 그리스도의 사도로 가장하는 자들이니라 이것은 이상한 일이 아니니라 '사탄도' 자기를 광명의 천사로 가장하나니 그러므로 사탄의 일꾼들도 자기를 의의 일꾼으로 가장하는

것이 또한 대단한 일이 아니니라 그들의 마지막은 그 행위대로 되리라 고후 11:13-15

이 말씀에서 "사탄도"Satan himself 라는 진술은 사탄이 인격적 존재임을 강조하는 선언이다. 사탄은 자신의 일꾼들이 있다. 만약 사탄의 영향력이 미약했다면 일꾼들이 없었을 것이다. 바울은 여기에서 '일꾼'이라는 단어를 사용해 기만적이고 유혹적인 인격체에 대해 말하고 있다. 그리고 그들의 흉악한 지도자를 우두머리 사기꾼이요, 자신의 일꾼들의 기만과 위선과 죄를 부추기는 자로 소개했다.

유다서는 여러 인격체에 대해 소개한다.

그러한데 '꿈꾸는 이 사람들'도 그와 같이 육체를 더럽히며 권위를 업신여기며 영광을 비방하는도다 천사장 미가엘이 모세의 시체에 관하여 마귀와 다투어 변론할 때에 감히 비방하는 판결을 내리지 못하고 다만 말하되 주께서 너를 꾸짖으시기를 원하노라 하였거늘 유 1:8,9

이 구절에 나오는 '꿈꾸는 이 사람들'은 실재하는 인간이었다. 모세 역시 위대한 인물이다. 천사장 미가엘도 실재하는 인격적 존재이다. 그렇다면 마귀 역시 살아 활동하는 인격적 존재라고 해야 하지 않을까? 그게 아니라면 마귀는 대체 무엇이란 말인가?

대적을 우습게보지 말라

유다서 말씀을 다시 보자. 모세 시대에 마귀는 천사들 가운데 가장 지위가 높은 미가엘과 논쟁했다. 마귀의 영향력이 미약하다면, 마귀의 실체가 그림자처럼 아련하고 꿈처럼 어렴풋하게 인격화된 영향력에 지나지 않는다면 천사들의 수장^首_長인 미가엘이 마귀와 논쟁하면서 도움을 청할 필요가 있었을까? 유다서의 진술은 마귀가 매우 높은 지위에 있으며, 마귀의 인격과 존재 또한 감히 경솔하게 다룰 수 없다고 선언한다.

다음 베드로후서 말씀은 마귀가 매우 높은 지위를 가진 인격체라는 사실에 또 하나의 증거를 보탠다.

주께서 경건한 자는 시험에서 건지실 줄 아시고 불의한

자는 형벌 아래에 두어 심판 날까지 지키시며 특별히 육
체를 따라 더러운 정욕 가운데서 행하며 주관하는 이를
멸시하는 자들에게는 형벌할 줄 아시느니라 이들은 당돌
하고 자긍하며 떨지 않고 영광 있는 자들을 비방하거니와
더 큰 힘과 능력을 가진 천사들도 주 앞에서 그들을 거슬
러 비방하는 고발을 하지 아니하느니라 그러나 이 사람들
은 본래 잡혀 죽기 위하여 난 이성 없는 짐승 같아서 그
알지 못하는 것을 비방하고 그들의 멸망 가운데서 멸망을
당하며 벧후 2:9-12

 **또한 야고보 사도가 가장 강력한 두 존재를 서로 어떻게 대
조하고 대립시키는지 주목하라.**

그런즉 너희는 하나님께 복종할지어다 마귀를 대적하라
그리하면 너희를 피하리라 하나님을 가까이하라 그리하
면 너희를 가까이하시리라 죄인들아 손을 깨끗이 하라 두
마음을 품은 자들아 마음을 성결하게 하라 약 4:7,8

마귀가 실재하는 인격체가 아니라 단순한 영향력이라면, 야고보 사도가 하나님과 마귀를 서로 대비할 필요가 있었을까? 하나님은 살아 계신 인격이 아니신가? 그렇다면 우리가 어떻게 마귀를 단순한 영향력으로 축소시킬 수 있을까? 이 구절은 하나님이 인격적인 하나님이신 것처럼 마귀 또한 인격적인 마귀라고 가르친다.

이런 가르침은 베드로 사도가 외치는 긴급한 권면에서도 드러난다.

> 하나님의 능하신 손아래에서 겸손하라 때가 되면 너희를 높이시리라 너희 염려를 다 주께 맡기라 이는 그가 너희를 돌보심이라 근신하라 깨어라 '너희 대적 마귀'가 우는 사자같이 두루 다니며 삼킬 자를 찾나니 벧전 5:6-8

베드로 사도가 하나님과 마귀를 동일 선상에 놓고 이야기한 까닭이 무엇일까? 왜 우리의 모든 염려를 주께 맡겨야 하는가? 또 근신하고 깨어 있어야 하는 까닭이 무엇인가? '너희 대적 마귀'가 그리스도인들이 하나님의 능력으로 무장하고 싸워야 하는 실재하는 인격적인 존재이기 때문이다.

중오와 파괴는 대적의 무기이다. 이런 마귀가 인격적인 존재보다 못할 수가 있을까? 마귀가 치명적인 중오심과 격정을 불태우며 '우는 사자'같이 삼킬 자를 찾아 맹렬히 내달리고 있다! 마귀가 불같은 격정과 극악한 능력을 지닌 인격적인 존재보다 못한 어떤 것이라면 과연 하나님의 대적으로서 이런 묘사가 적합하기나 할까?

사실 베드로는 강력한 대적이 실제로 존재하며 힘센 대적이 인격적인 존재임을 직접 체험했다. 베드로의 양심과 가슴과 기억에는 "시몬아, 시몬아, 보라 사탄이 너희를 밀 까부르듯 하려고 요구하였으나"(눅 22:31)라는 주님의 말씀이 생생하게 남아 있었다.

또한 영어개역성경RV에서, 맹세와 단언과 대화에 관한 예수님의 산상수훈에서도 마귀를 인격체로 언급한 구절을 발견할 수 있다. '오직 너희 말은 옳다 옳다, 아니라 아니라 하라 이에서 지나는 것은 '악한 자'(마귀)에게서 나느니라'(마 5:37, ··· more than these is of the evil one, RV).

십자가와 성령이 이 땅에 강력한 영향을 끼치고 있고, 복음이 악恶을 억제하고 있는데도 악이 세상에서 물러나지 않는 이유는 무엇일까? 그것은 바로 마귀가 강력한 실행 능력으로 거세게 저항하고 있기 때문이다.

우리는 그리스도의 사역에서 마귀의 능력과 인격에 대한 명백한 언급과 암시들을 많이 발견할 수 있다. 그리스도께서는 그를 '마귀'라 부르심으로써 그에게 수치스러운 인격을 부여하셨고, 그 이름에 모든 기만과 술수와 잔혹함의 옷을 입히셨다. 그리스도께서는 '사탄'이라는 호칭을 사용하심으로써 그를 하나님과 인간의 대적으로 나타내셨다. 그리스도께서는 그를 "이 세상의 임금"(요 12:31)이라 일컬으심으로써 그에게 왕의 능력이 있으며, 이 세상을 악으로 다스리는 권세가 있음을 인정하셨다. 복음서는 마귀가 질병의 형태로 인간의 육신에 영향을 미치는 능력이 있음을 암시할 뿐 아니라 그것을 당연한 사실로 인정하고 있다.

예수님과 마귀의 충돌은 예수님이 자신의 백성들의 입술과 심령에게 주신 완벽하고 보편적인 기도인 주기도문에서 발견된다. 주님께서 가르쳐주신 기도는 충돌과 위험과 경고와 안전의 의미를 담고 있는 간구, 즉 '우리를 악한 자에게서 구하옵소서!' (마 6:13, 'deliver us from the evil one', RV, 개역개정성경은 '악에서 구하시옵소서'로 번역했다 - 역자 주)라는 간구를 포함하고 있다. 악은 악을 부추기는 강력한 조장자inspirer가 없으면 상대적으로 무해하고 약해지고 둔해진다. 따라서 마귀에게서 구출된다는 것은 마귀가 조장하는 많은 악에서 구출된다는 의미이다.

깨어 기도하라

에베소서 6장은 그리스도인들을 군사로 묘사한다. 바울은 마귀에게 능력이 있고, 우리가 마귀에 맞서 전쟁을 하고 있기 때문에 우리가 하나님의 전신갑주를 입고 그에 걸맞은 기질과 행위와 용기가 있어야 한다고 촉구했다.

> 마귀의 간계를 능히 대적하기 위하여 하나님의 전신갑주를 입으라 우리의 씨름은 혈과 육을 상대하는 것이 아니요 통치자들과 권세들과 이 어둠의 세상 주관자들과 하늘에 있는 악의 영들을 상대함이라 엡 6:11,12

바울은 로마서에서 그리스도인을 위로하면서 "우리 주 예수의 은혜가 너희에게 있을지어다"(롬 16:20)라고 은혜를 강조할 뿐만 아니라 "평강의 하나님께서 속히 사탄을 너희 발 아래에서 상하게 하시리라"(롬 16:20)라는 말로 사탄의 멸망을 확신하며 격려한다. 베드로전서의 중대한 권면은 두 개의 명령으로 이루어져 있다. 여기서 베드로는 우리의 모든 염려를 하나님께 맡기라고 권고할 뿐 아니라 깨어 기도하라고 긴박하게 촉구했다.

> 너희 염려를 다 주께 맡기라 이는 그가 너희를 돌보심이라 근신하라 깨어라 너희 대적 마귀가 우는 사자같이 두루 다니며 삼킬 자를 찾나니 벧전 5:7,8

더욱이 베드로는 아나니아와 삽비라가 저지른 치명적인 죄에서 사탄의 손이 움직이는 것을 알아보고 "아나니아야 어찌하여 사탄이 네 마음에 가득하여 네가 성령을 속이고 땅값 얼마를 감추었느냐"(행 5:3)라고 말했다.

그리스도께서 서머나교회를 향해 환난을 준비하라고 이르신 경고는 마귀가 능력을 소유한 인격적 존재임을 인정한다.

너는 장차 받을 고난을 두려워하지 말라 볼지어다 마귀가
장차 너희 가운데에서 몇 사람을 옥에 던져 시험을 받게
하리니 너희가 십 일 동안 환난을 받으리라 네가 죽도록
충성하라 그리하면 내가 생명의 관을 네게 주리라 계 2:10

그리스도께서는 가라지 비유에서도 원수의 사악함과 능력
과 인격을 그리스도 자신과 대조시키고 있다.

밭은 세상이요 좋은 씨는 천국의 아들들이요 가라지는 악
한 자의 아들들이요 가라지를 뿌린 원수는 마귀요 추수
때는 세상 끝이요 추수꾼은 천사들이니 마 13:38,39

원수의 존재를 인정하라

바리새인들은 예수님이 안식일을 범했다고 비난했는데,
이에 대한 예수님의 반론은 마귀의 일이 악하다는 것을 폭로
한다.

그러면 열여덟 해 동안 사탄에게 매인 바 된 이 아브라함

의 딸을 안식일에 이 매임에서 푸는 것이 합당하지 아니

하냐 눅 13:16

　성경은 그리스도를 배신한 유다에 대해 "마귀가 벌써 시몬의 아들 가룟 유다의 마음에 예수를 팔려는 생각을 넣었더라"(요 13:2)라고 말한다. 이것은 막연한 영향력이나 인격화된 존재에 대한 진술이 아니다. 유다 밖에 있는 어떤 인격체, 즉 가룟 유다에게 위선적 행동을 하라고 은밀히 제안하며 재촉한 인격체에 대한 진술이다. 그리고 이 제안은 마귀의 성격과 정확히 일치한다. 그리스도께서는 제자 중 하나가 그리스도를 팔리라고 말씀하시며 빵조각을 적셔 가룟 유다에게 주셨다.

　(가룟 유다가) 조각을 받은 후 곧 사탄이 그 속에 들어간지라

　이에 예수께서 유다에게 이르시되 네가 하는 일을 속히

　하라 하시니 요 13:27

　여기서 사탄의 행위는 그 옛날 사탄이 에덴동산에서 한 일과 비교했을 때 능력과 영향력 면에서 훨씬 더 진보했다. 에덴

에서는 사탄이 뱀을 도구로 이용했지만 여기서는 사람을, 그
것도 그리스도께서 선택하시고 신임하던 사도를 이용하고 있
기 때문이다.

> 여러 계시를 받은 것이 지극히 크므로 너무 자만하지 않
> 게 하시려고 내 육체에 가시 곧 사탄의 사자를 주셨으니
> 이는 나를 쳐서 너무 자만하지 않게 하려 하심이라 고후 12:7

　이 경우, 그리스도의 인격과 능력에 대한 고귀한 계시와 체
험 뒤에 마귀라는 인격체와 그의 능력에 대한 계시와 체험이
뒤따랐다. 그리스도께서는 심판 때에 사악한 자들이 맞을 두
려운 운명에 대해 "또 왼편에 있는 자들에게 이르시되 저주를
받은 자들아 나를 떠나 마귀와 그 사자들을 위하여 예비된 영
원한 불에 들어가라"(마 25:41)라고 설명하셨다. 사탄의 최후 운
명은 "또 그들을 미혹하는 마귀가 불과 유황 못에 던져지니
거기는 그 짐승과 거짓 선지자도 있어 세세토록 밤낮 괴로움
을 받으리라"(계 20:10)라는 말씀에 계시되어 있다.
　이 구절들은 단지 마귀의 존재와 마귀가 인격체임을 입증하

기 위한 주장들이 아니라 그리스도와 초기 사도들이 그 실재성을 철두철미하게 믿고 있던 어떤 존재, 그 실재성이 당연하게 여겨지고 보편적으로 인정되던 존재에 딱 어울리는 확정적인 언급이다.

이런 점을 고려할 때, 어떤 사람이 하나님의 말씀을 믿는다고 공언하면서 마귀의 존재는 믿지 못하겠다고 말한다면 이보다 더 기괴한 일은 없을 것이다. 그것은 논리적으로도 어긋나고 믿음의 관점에서도 흠이 될 것이다. 그런 사람은 셰익스피어의 희곡 〈맥베스 Macbeth〉를 완전히 이해했다고 말하면서, 희곡 전체 줄거리를 모르고 중심인물인 '맥베스 부인'의 존재나 인물 자체를 알지 못한다고 말하는 사람과 다르지 않을 것이다.

그리스도의 마귀관

그리스도께서 귀신이나 악령에 들린 사람들과 마주하신 사건들은 주님이 타락한 영들을 인격적인 존재로 인정하셨다는 것을 예시한다. 그리스도께서는 그들의 뚜렷한 개체성을 인정하셨다. 그리스도께서는 그들을 개체로 간주하여 말씀하시고 명령하셨다. 그들은 그리스도를 알았고, 그리스도의 신성神性을 고백했고, 그리스도의 권세 앞에 굴복했고, 마지못해 하긴 했지만 그리스도의 명령에 순종했다.

예수님은 귀신 들린 사람의 인격과 그 사람에게 들어간 귀신의 인격을 분명히 구별하셨다. 예수님이 보시기에 그 둘은 두 개의 서로 다른 인격이었다.

그리고 예수님을 따르던 제자들은 이런 구별을 실행함으로써 사탄의 나라에 심각한 타격을 안겨주었다. 70인의 제자들은 임무를 마치고 돌아와 자신들의 임무에 대해 보고하며 "주여 주의 이름이면 귀신들도 우리에게 항복하더이다"(눅 10:17) 라고 말했다. 이에 예수님은 "사탄이 하늘로부터 번개같이 떨어지는 것을 내가 보았노라"라고 말씀하셨고, 그들이 환희와 기쁨에 도취되어 있는 동안 그들의 임무를 새롭게 하셨다.

> 내가 너희에게 뱀과 전갈을 밟으며 원수의 모든 능력을
> 제어할 권능을 주었으니 너희를 해칠 자가 결코 없으리라
> 그러나 귀신들이 너희에게 항복하는 것으로 기뻐하지 말
> 고 너희 이름이 하늘에 기록된 것으로 기뻐하라 눅 10:19,20

마귀는 그리스도의 원수요 인간의 원수이다. 주님은 제자들에게 마귀의 모든 능력을 제어할 권세를 주셨다. 예수님에게 마귀는 명백히 실재하는 인격체였다. 예수님은 마귀가 인격을 지닌 존재임을 알아보셨고, 마귀의 능력을 인정하셨으며, 마귀의 성격을 가증스레 여기셨으며, 마귀의 나라에 대항하여 싸우셨다.

이 세상 임금이 받을 심판

> 예수께서 대답하여 이르시되 이 소리가 난 것은 나를 위한 것이 아니요 너희를 위한 것이니라 이제 이 세상에 대한 심판이 이르렀으니 이 세상의 임금이 쫓겨나리라 내가 땅에서 들리면 모든 사람을 내게로 이끌겠노라 하시니
> 요 12:30-32

성령님은 예수 그리스도를 대신하는 분이요, 대표하는 분이요, 예수 그리스도의 뒤를 잇는 분이시다. 성령님은 세상 임금의 능력을 분쇄함으로써 세상의 치명적인 힘을 분쇄하는 일

을 맡으셨다. 예수님은 세상의 임금으로서 왕의 지위를 차지하고 있던 원수가 이미 심판과 정죄를 받았고, 형을 선고받았음을 제자들에게 상기시키셨다.

> 그러나 내가 너희에게 실상을 말하노니 내가 떠나가는 것
> 이 너희에게 유익이라 내가 떠나가지 아니하면 보혜사가
> 너희에게로 오시지 아니할 것이요 가면 내가 그를 너희에
> 게로 보내리니 그가 와서 죄에 대하여, 의에 대하여, 심판
> 에 대하여 세상을 책망하시리라 죄에 대하여라 함은 그들
> 이 나를 믿지 아니함이요 의에 대하여라 함은 내가 아버
> 지께로 가니 너희가 다시 나를 보지 못함이요 심판에 대
> 하여라 함은 이 세상 임금이 심판을 받았음이라 요 16:7-11

사탄은 지금 세상의 임금 노릇을 할 수도 있다. 그러나 불신앙과 죄와 불의의 근원인 사탄은 실로 두려운 종말을 피하지 못할 것이다. 예수님이 선포하신 말씀은 마귀가 세상의 임금이자 통치자로서 세상과 어떤 관계가 있는지 명백하게 계시한다. 우리는 이 세상이 하나님과 하나님의 아들과 하나님의

일과 뜻에 반대하는 이유를 잘 알고 있다. 우리는 세상에 대한 집착과 애착이 어떻게 하나님으로부터 멀어지고 적대적으로 반목하게 되는지 잘 알고 있다. 이런 일이 일어나는 까닭은 세상의 아름다운 것들과 매력적인 것들이 하나님에 대한 마귀의 적의를 그대로 드러내기 때문이다. 세상은 사망과 지옥이라는 올가미를 숨기고 있는 음탕한 창기이다.

예수 그리스도께서는 마귀를 이 세상의 임금으로 인정하셨다. 물론 법적으로 인정하신 것이 아니라 세상이 하나님께 반역했다는 의미에서 인정하셨다. 따라서 마귀는 복종시켜야 할 대상이 아니라 무법의 범죄자로서 관계를 단절해야 할 대상이요, 남의 자리를 침범한 찬탈자로서 퇴위시켜야 할 대상이요, 반역자로서 정복해야 할 대상이다. 하나님의 아들께서는 마귀를 퇴위시켜 정복하는 임무를 맡으셨다. 예수님은 마귀의 지위와 능력을 기꺼이 인정하셨고, 마귀를 세상과 동등하게 다루셨다. 예수님은 세상과 마귀 모두에게 일격을 가하신다.

"이제 이 세상의 심판이 이르렀으니 이 세상 임금이 쫓겨나리라 내가 땅에서 들리면 모든 사람을 내게로 이끌겠노라!"

이 세상은 십자가 능력으로 정죄를 받는다.

십자가 능력으로 물리쳐라

십자가 능력은 치명적인 세상의 매력을 녹인다. 십자가 능력은 이 세상 임금을 그 권좌에서 몰아낸다. 그리스도께서는 마귀의 높은 지위를 인정하셨지만, 또한 마귀가 궁극적으로 처할 운명에 서명하고 날인하셨다.

> 하나님이 나사렛 예수에게 성령과 능력을 기름 붓듯 하셨으매 그가 두루 다니시며 선한 일을 행하시고 마귀에게 눌린 모든 사람을 고치셨으니 이는 하나님이 함께하셨음이라 행 10:38

그리스도께서는 마귀가 세상 권력자들에 의해 왕위에 오른 임금으로서 높은 지위를 차지하고 있음을 인정하셨다. 인간이 하는 말로는 이 싸움에서 승자가 될 수 없다. 그래서 예수님은 마귀에게 시험을 받으실 때 하나님의 말씀을 사용하셨다(마 4:1-11). 말씀으로 사탄의 공격 능력을 제압하시고 악한 의도를 좌절시키셨다. 하지만 예수님은 사탄이 왕관을 눌러쓰고 세상의 왕 노릇을 하도록 내버려두셨다.

하나님의 아들께서는 마귀가 접근할 때 침묵하셨고, 십자가와 모진 수욕과 쓰라린 고뇌와 패배감과 절망을 모두 견디셨다. 마귀의 이마에서 왕관을 벗겨내고 옥좌를 땅에 던져 먼지와 재로 만들기 위해서는 그 모든 것이 필요했기 때문이다. 찬양 받아 마땅하신 하나님의 아들께서는 자신의 영혼이 수고한 것을 보고 만족하셨다(사 53:11).

예수님은 이 세상 임금의 왕관을 벗기기 위해 어떤 희생을 치러야 하는지 알고 계셨다. 또한 천국의 자녀들이 치러야 할 희생에 대해서도 아셨기 때문에 예수님은 엄숙한 침묵과 승리의 위용 속으로 들어가셨다.

> 이 후에는 내가 너희와 말을 많이 하지 아니하리니 이 세상의 임금이 오겠음이라 그러나 그는 내게 관계할 것이 없으니 요 14:30

01 **원수는 세상의 조종자이다.**

마귀는 창조된 존재이다. 따라서 마귀는 독립적으로 존재하지 않고 영원히 존재하지도 않는다. 마귀는 제한적이며 유한한 존재이다. 하지만 악한 인간들과 타락한 천사들을 조종하는 세상의 조종자이다. 마귀는 모든 '악의 아비'이기도 하다. 마귀는 예수님의 원수, 즉 파괴적이고 활동적이고 교활하고 신중하고 비열한 원수이다.

02 **예수님도 원수의 존재를 인정하셨다.**

성경은 마귀가 인격이 있는 존재임을 명백한 사실로 확증한다. 예수님은 제자들이 악에 빠지지 않게 해달라고 기도하실 뿐 아니라 '악한 자'에게서 지켜주시기를 기도하셨다. 대적 마귀는 그리스도인들이 하나님의 능력으로 무장하고 싸워야 하는, 실재하는 인격적인 존재이다. 따라서 우리는 우리의 모든 염려를 주께 맡기고 근신하고 깨어 있어야 한다.

03 **이 세상 임금이 받을 심판이 있다.**

성경은 마귀를 세상의 통치자, 곧 '이 세상의 임금'이라 칭한다. 예수님은 세상에서 왕의 지위를 차지하고 있던 원수가 이미 심판과 정죄를 받았고, 형을 선고받았음을 제자들에게 상기시키셨다. 원수 마귀는 실로 두려운 종말을 피하지 못할 것이다. 하나님의 아들께서는 마귀를 퇴위시켜 정복하는 임무를 맡으셨다. 예수님은 세상과 마귀 모두에게 "이제 이 세상의 심판이 이르렀으니 이 세상 임금이 쫓겨나리라!"라고 일격을 가하신다.

마귀를 대적하라 그리하면 너희를 피하리라
하나님을 가까이하라 그리하면 너희를 가까이하시리라
야고보서 4장 7,8절

✢

그때에 예수께서 성령에게 이끌리어 마귀에게 시험을 받으러 광야로 가사 사십 일을 밤낮으로 금식하신 후에 주리신지라 시험하는 자가 예수께 나아와서 이르되 네가 만일 하나님의 아들이어든 명하여 이 돌들로 떡덩이가 되게 하라 예수께서 대답하여 이르시되 기록되었으되 사람이 떡으로만 살 것이 아니요 하나님의 입으로부터 나오는 모든 말씀으로 살 것이라 하였느니라 하시니 이에 마귀가 예수를 거룩한 성으로 데려다가 성전 꼭대기에 세우고 이르되 네가 만일 하나님의 아들이어든 뛰어내리라 기록되었으되 그가 너를 위하여 그의 사자들을 명하시리니 그들이 손으로 너를 받들어 발이 돌에 부딪치지 않게 하리로다 하였느니라 예수께서 이르시되 또 기록되었으되 주 너의 하나님을 시험하지 말라 하였느니라 하시니 마귀가 또 그를 데리고 지극히 높은 산으로 가서 천하만국과 그 영광을 보여 이르되 만일 내게 엎드려 경배하면 이 모든 것을 네게 주리라 이에 예수께서 말씀하시되 사탄아 물러가라 기록되었으되 주 너의 하나님께 경배하고 다만 그를 섬기라 하였느니라 이에 마귀는 예수를 떠나고 천사들이 나아와서 수종드니라 마 4:1-11

하늘에 속한 것과
땅에 속한 것은 충돌한다

원수의 동력

하나님을 믿는데 어떤 고결함이 있다면, 사탄은 자기도 그런 고결함을 가지고 있다고 주장할 것이다. 원수도 하나님이 한 분이신 줄 믿기 때문이다(약 2:19). 만약 항상 바쁘게 활동하는 것에 칭송할 만한 무엇이 있다면, 마귀는 자기도 그런 칭송을 받아 마땅하다고 주장할 것이다. 왜냐하면 마귀는 항상 바쁘기 때문이다. 그러나 원수의 성품은 그의 믿음에서 기인한 것이 아니다. 그의 믿음은 그를 벌벌 떨게 만들고, 그의 성품은 그를 마귀로 만든다.

네가 하나님은 한 분이신 줄을 믿느냐 잘하는도다 귀신들
도 믿고 떠느니라 약 2:19

원수 마귀는 매우 바쁘다. 그는 큰일을 하며 매우 추악한 사무를 보고 있다. 하지만 마귀는 추악한 일도 능숙하게 잘 처리한다. 마귀에게는 풍부한 경험과 굉장한 수하들과 사악함과 엄청난 힘과 지칠 줄 모르는 에너지가 있다. 그는 비범하며 지대한 영향력을 행사한다. 그런데 원수가 가진 막대한 자원과 능력은 오직 악한 목적을 위해서만 사용된다. 오직 '악'만이 그의 행동과 에너지에 동기를 부여한다. 마귀는 누군가를 구하거나 복을 베풀기 위해 움직이는 법이 없고, 호의적인 행동이나 불쌍히 여기는 마음에 대해 아는 바가 없다.

사탄의 역사歷史는 인간의 역사보다 앞선다. 사탄과 그를 추종하는 사자들은 천국과 세상과 지옥을 경험한 유일한 존재들이다. 사탄은 천국과 세상과 지옥, 이 세 장소에 친숙하다. 그는 천국의 고결하고 순결한 존재들과 함께 천국의 거리를 나란히 걸은 적이 있으며, 천국의 정결한 기쁨이 주는 설렘을 맛본 적도 있다. 그리고 지옥의 비통한 고뇌를 알고 있으며 그

곳의 격렬한 화염을 느낀 적도 있다.

원수가 하는 일

마귀는 이 땅에서 엄청난 일을 하고 있다. 그는 세상의 임금이요 지도자이다. 인간과 귀신들은 마귀의 앞잡이 노릇을 한다. 자연은 종종 마귀에 의해 본래의 유용한 목적을 잃고 변질되며 파괴를 강요당한다. 마귀는 악한 짓을 행하라고 인간들을 유혹하느라 바쁘다. 마귀는 이 분야에 숱한 경험이 있고 한마디로, 이 분야의 달인이다. 마귀의 간교한 계략에 의해 죄는 사악함을 벗는 것처럼 보이고, 세상은 매력을 덧입고, 인간의 자아는 갑절의 힘을 얻는다. 마귀는 고결한 믿음을 광신狂信으로 바꾸고 사랑을 증오로 바꾼다.

사탄은 다른 매개를 통하거나 직접 인간의 영혼에 영향을 미칠 수 있다. 그래서 인간의 영혼에 온갖 악한 생각을 주입하고 악한 제안을 한다. 그런데 마귀가 얼마나 교묘하게 움직이는지 우리는 이 악한 생각과 제안이 어디에서 왔는지 알아차리기가 힘들다. 마귀는 하와를 유혹해 금지된 열매를 먹게 했고, 다윗의 마음에 이스라엘의 인구를 계수하고자 하는 생각을 넣었다. 이 사건으로 다윗은 하나님의 진노를 촉발하게 되었다(삼하 24장 참조). 마귀는 아나니아와 삽비라에게도 악영향을 끼쳐 하나님께 거짓말을 하게 만들었다(행 5:1-11). 베드로가 주제넘게 주님의 십자가 길을 막으려 한 것도 마귀가 충동질했기 때문이다(마 16:21-23). 가룟 유다의 배신 역시 동일한 근원에서 비롯되었다. 예수님이 광야에서 받으신 시험은 사탄이 부리는 술책의 대표작이었다. 사탄은 예수님에게 하나님의 뜻이 아닌 다른 대안을 제시했다. 이때 사탄은 설득력 있는 논리로 자신의 능력을 보여줌으로써 하나님의 뜻을 이루려는 예수님을 단념시키려고 했다.

사탄은 불경스럽고, 오만방자하며, 뻔뻔하기 그지없다. 사탄은 인간에게 하나님을 중상모략하며 인간의 마음에 하나님에 대한 왜곡된 생각을 주입시킨다. 사탄은 인간들이 하나님을 미워하게 만들고 하나님에 대한 이유 없는 적대감을 불태우게 한다. 사탄은 인간을 조종해 하나님의 존재를 부정하게 만들고 하나님의 성품을 거짓으로 전하게 한다. 그리고 그렇게 함으로써 참된 믿음의 토대와 참 예배를 파괴한다.

사탄은 성도를 어둡게 만들고 선善에 대한 하나님의 평가를 비하하기 위해 사람들에게 옳지 않은 생각을 교묘하게 불어 넣거나 하나님을 규탄하는 등 자기가 할 수 있는 모든 짓을 다 한다. 사탄은 아주 지독하고 더러운 중상가요 고약하고 교활한 비방가이다. 사탄의 지속적인 공격 목표는 '선함'이다. 사탄은 선한 것을 좋게 말하는 법이 없으며 악한 것을 절대로 나쁘게 말하지 않는다.

사탄은 설교자가 강단에 올라가기 전이나 교인들이 자리에 앉기 전에 이미 교회에 들어와 있다. 사탄은 씨 뿌리는 사람을 훼방하기 위해, 토양의 생산력을 저하시키기 위해, 씨앗을 부패시키기 위해 교회에 온다. 그런데 사탄은 설교자의 강단에 확신과 믿음이 있고 교인들의 자리에 뜨거운 열심과 기도가 있을 때에만 이런 병법兵法을 쓴다. 사탄은 죽은 형식주의와 자유주의가 살아 있는 교회에는 가지 않는다. 그런 것들이 그에게 위협이 되지 않기 때문이다.

먹이를 찾아 두루 다닌다

마귀는 인간을 억압하고 악을 행하기 위해 잰걸음으로 다닌다. 예수님은 원수가 직접 일으킨 질병이 있다고 명백히 선언하셨다. 여러 면에서 마귀는 "두루 다니시며 선한 일을 행하시고 마귀에게 눌린 모든 사람을 고치시는"(행 10:38) 분의 적대자이다. 마귀는 사망의 세력을 잡았고 인간 안에 끔찍한 속박 상태를 초래했다. 그러나 예수님이 십자가에서 죽으심으로 "죽음의 세력을 잡은 자 곧 마귀를 멸하셨다"(히 2:14).

마귀는 바울의 육신에 가시를 두었으며 베드로의 충성심을 얻기 위해 특별한 노력을 기울였다. 마귀는 큰 바람을 일으키고 하늘에서 불을 내리고 질병을 명하여 욥을 황폐하게 만들고 그의 소유를 완전히 빼앗았다. 마귀는 도둑질하는 갈대아 사람들과 스바 사람들을 무장시켜 욥의 가축을 노략하게 했고, 그의 아내를 조종하여 하나님을 원망하도록 부추겼다. 사탄은 한 명의 성도를 파멸로 이끌기 위해 자신의 나라에 있는 다양한 부서들을 총지휘했다. 마귀는 한 영혼을 자기 손에 둘 수 있다면 언제든지 이렇게 할 것이다.

원수는 밀 가운데 가라지를 뿌린다. 선한 것 가운데 악한 것들을 뿌리고, 선한 생각 가운데 악한 생각을 뿌린다. 원수는 이 땅이라는 추수 들판에 모든 종류의 악한 씨앗을 뿌린다. 마귀는 선한 것을 악하게 만들고 악한 것을 더 악하게 만들기 위해 애를 쓴다. 마귀는 가룟 유다의 마음에 들어가 자신의 악랄한 목적을 달성하기 위해 내달리도록 가룟 유다를 부채질했다. 마귀는 베드로의 마음을 오만한 교만으로 가득 채웠고, 그리스도의 마음에 하나님의 뜻 대신 인간의 생각을 넣으려고 했다.

마귀는 오직 인간의 영혼을 파괴할 일념으로 사자처럼 맹렬하고 단호하고 강하게 먹이를 찾아 두루 다닌다. 마귀는 인간의 마음이나 하나님의 마음을 감동시키는 어떤 감정에 의해서도 억제되지 않는다. 마귀에게는 동정심이라는 것이 없다. 연민의 정情도 없다. 마귀는 비상하고 비범하다. 그러나 오직 '악' 안에서만 그렇다. 마귀는 대단한 지성知性이 있으나 사악하고 잔혹한 마음에 따라 자극과 조종을 받는다.

하늘과 땅의 충돌

그리스도께서는 지상사역 초기에 마귀의 시험에 직면하셨다. 그 상황에 대한 성경의 기록들은 마귀를 영적 인격체로 나타내고 있다. 마귀는 악의 머리요 악의 구현이다. 마귀는 여러 번에 걸쳐 지속적으로 맹렬하게 하나님의 아들을 공격한다.

물론 마귀가 자신의 반역적이고 사악한 공격을 베일로 가리기 위해 어떤 형상을 하고 그리스도 앞에 나타났는지는 알 수 없다.

그리스도께서 받으신 시험은 그리스도의 지상사역 예비 단계에서 발생한 명백한 사실로, 그리스도의 사역의 축이 되는 하나의 사실로 알려져 있다. 그리스도께서 세례를 받으신 것, 성령께서 비둘기처럼 내려오신 것, 그리스도께서 광야로 가신 것, 그리스도께서 금식하신 것을 환상으로 여길 수 없는 것처럼 그리스도께서 시험을 받으신 것 역시 환상으로 간주될 수 없다. 그리스도를 시험한 것은 '영향력'이 아니었다. 성경에 기록된 그리스도와 마귀의 대화 자체가 그런 결론을 용인하지 않는다.

> 그때에 예수께서 성령에게 이끌리어 마귀에게 시험을 받으러 광야로 가사 마 4:1

마귀가 그리스도께 왔다. 그리고 마귀가 그리스도를 떠나자 천사들이 나아와서 수종을 들었다(마 4:11).

우리는 이 시험에서 마귀가 쓴 방법들, 마귀의 교활한 술책과 마귀의 위선을 발견할 수 있다. 그는 40일 금식으로 지치고 쇠약해진 하나님의 아들에게 관심을 표명하며 접근한다. 그리고 예수님에게 스스로의 능력으로 배고픔을 해결하라고 제안한다. 이런 사탄의 제안은 아무 문제가 없어 보인다. 예수님의 영적 능력을 사용해 육신의 필요를 해결하라는 제안보다 받아들이기 쉬운 제안이 있을까? 자신의 육신을 위해 영적인 능력을 사용하는 예가 실제로 자주 일어나지 않는가? 그러나 우리가 육체의 필요를 충족시키기 위해 믿음을 사용할 때마다 그 행위의 근원이 악하다는 것을 명심하라!

세상의 일시적인 것들을 상석上席에 올리는 것은 오직 빵을 먹기 위해 사는 인간들이나 하는 짓이다. 빵을 위해 사는 인간은 세속적인 것과 세상에 속한 것에 큰 가치를 부여한다. 이런 인간에게 믿음은 부차적인 것이 되고, 믿음은 돈과 사업에 종속된다. 이런 인간은 땅에 속한 것들을 위해 하늘에 속한 것들을 사용하며 자연적인 것들을 위해 영적인 것들을 사용한다. 그리고 매일 먹을 은혜보다 매일 먹을 양식에 몰두하며 보이지 않는 것보다 보이는 것에 더 집중한다.

이것이 바로 마귀의 주요한 일이다. 우리의 믿음을 물질적으로 만드는 것, 오직 먹을 것을 위해 살게 만드는 것, 천국보다 땅을 더 크게 만드는 것, 시간을 영원보다 더 매력적으로 만드는 것, 이것이 바로 마귀가 하는 주된 일이다. 적막한 광야에서 굶주려 어질어질한 하나님의 아들과 사탄 사이에 얼마나 무서운 충돌이 일어났는지 아는가? 그것은 하늘에 속한 것과 땅에 속한 것의 싸움이었다. 즉, 하나님을 믿는 믿음과 마귀를 믿는 믿음의 싸움이었다.

충돌의 세 지점

이 충돌은 세 곳ʷʰ 주변에 넘실거리며 밀어닥쳤다. 첫째 곳은 육신에 관한 것이었고, 둘째 곳은 뻔뻔스러움과 주제넘음에 관한 것이었고, 셋째 곳은 세상의 명리名利에 관한 것이었다. 마귀의 손에서 나오는 모든 형태의 시험, 즉 우리가 정결한 믿음을 지키지 못하도록 고안해낸 모든 유혹과 간교한 술책과 은밀한 저속함이 세 곳의 범위 안에 다 포함된다.

광야에서 그리스도를 향해 퍼부은 사탄의 맹공은 에덴에서 하와를 속이려고 했던 유혹과 뚜렷한 대비를 이룬다. 또한 욥의 온전함을 시험하기 위해 동원했던 끔찍한 시련과도 현격하게 대조된다. 광야에서 그리스도를 시험한 사탄은 에덴에서 하와를 유혹할 때처럼 하나님의 선하심에 대한 의혹을 제기하지 않았다. 또한 욥을 시험할 때처럼 몸과 마음을 바싹바싹 말리는 지독한 슬픔을 안겨주지도 않았다. 대신에 예수님께 호의적으로 대하고 공감하며, 부드럽게 권유하며 공격했다.

마귀의 두 번째 유혹은 "네가 만일 하나님의 아들이어든 뛰어내리라 기록되었으되 그가 너를 위하여 그의 사자들을 명하시리니 그들이 손으로 너를 받들어 발이 돌에 부딪치지 않게 하리로다 하였느니라"(마 4:6)라는 것이었다. 이것은 지나친 열심에서 비롯된 광적인 주제넘음과 어리석은 헌신에 관계된 것이었다. 이 두 번째 시험에서 마귀는 감각적이고 변칙적인 신앙 습관과 관련한 모든 방법들을 사용했다. 마귀는 지름길을 택하라고 예수님을 유혹했다. 참된 신앙의 원칙은 제쳐두고 천박하고 하찮은 대체물들을 그 자리에 들여 믿음을 더욱 매력적이고 인기 있는 것으로 만들라고 유혹했다. 지나치게 과열된 열심에서 기인하는 주제넘음은 경건한 슬픔과 엄정한 자기부정과 기도로 굴복하는 하나님의 겸비한 길 대신에 인간이 고안한 편하고, 감각적이고, 물질적인 방법들을 택하려고 애쓴다.

마귀는 세 번째로 "지극히 높은 산으로 가서 천하만국과 그 영광을 보여 이르되 만일 내게 엎드려 경배하면 이 모든 것을 네게 주리라"(마 4:8,9)라고 예수님을 유혹했다. 이것은 세상 나라들과 그 영광에 관계가 있다. 마귀에게 헌신하고 마귀를 예배하는 사람들에게 세상의 신 마귀가 주는 보상이 바로 그것이다. 아! 이 마귀라는 것이 자신의 세력을 얼마나 잘 규합하는지! 마귀는 이런 달콤한 보상으로 사람들을 유혹하여 자신을 향한 신앙심을 이끌어낸다. 마귀가 광야에서 예수님을 시험한 사건은 세상과 육신이 마귀의 권세 아래 서로 공모하여 하나님의 아들을 유혹하려 한 사건이었다.

순결하신 하나님의 아들께서는 마귀와의 이런 숨 막히는 충돌을 꺼리셨다. 이는 "성령이 곧 예수를 광야로 몰아내신지라"(막 1:12)라는 마가복음의 진술에서 명백히 드러난다. 그 무엇도 이 진술을 왜곡하여 '단순한 영향력이 예수님을 유혹했다!'고 말할 수 없다. 예수님이 마귀에게 시험을 받으신 것은 분명한 사실이다. 명백하고 꾸밈없는 문서화된 사실이다. 성경은 의심의 여지없이 일체의 비유적 표현을 사용하지 않고 대화 전체의 실재성에 도장을 쾅 찍는다.

마태복음 4장은 "그때에 예수께서 성령에게 이끌리어 마귀에게 시험을 받으러 광야로 가사 … 이에 마귀는 예수를 떠나고 천사들이 나아와서 수종드니라"(마 4:1,11)라고 말씀한다. 그리고 마가복음 1장 13절은 "광야에서 사십 일을 계시면서 사탄에게 시험을 받으시며 들짐승과 함께 계시니 천사들이 수종들더라"라고 말씀한다. 이 구절들은 비유적 표현이 아니라 하나의 대화이며 또 그 대화에 관여한 인격체들에 관한 이야기이다. 이 이야기에 나오는 광야와 금식은 문자 그대로 광야와 금식이다. 그리고 여기 모든 존재, 곧 들짐승과 천사들과 예수님과 마귀는 문자 그대로 들짐승이요 천사들이요 예수님이요 마귀이다.

예수님과 마귀의 충돌은 우연한 사건이 아니다. 다른 일에 부차적으로 발생한 사건이나 우발적인 사건이 아니라 본질적이고 중대한 사건이었다. 이때 사탄은 인간과 인간의 세상을 장악했다. 인간은 사탄의 손아귀에 떨어져 노예로 붙잡히고 극악한 힘을 지닌 사탄에게 다스림을 받았다. 마귀가 광야에서 예수님을 시험한 사건은 "마귀가 모든 시험을 다한 후에 얼마 동안 떠나니라"(눅 4:13)라는 기록을 남기고 일단락되었다.

겟세마네 동산의 유혹

그 '얼마 동안'이 끝난 뒤, 사탄은 자기보다 더 악한 다른 일곱 영들을 데려오기라도 한 것처럼(마 12:43-45 참조) 겟세마네 동산에 다시 등장했다. 겟세마네의 유혹은 다양하고 필사적인 방법들이 총동원된 유혹의 절정이었다. 그런데 이번에는 마귀가 위장복을 벗어던지고 자신의 모습 그대로 나타났다. 마귀가 자신의 본래 모습으로 등장하는 것은 참으로 드문 일이다. 마귀가 너무도 많은 배역을 떠맡고, 너무도 많은 역할을 수행하고, 너무도 많은 위장복을 입기 때문이다.

우리는 겟세마네 동산에서 마귀의 실제 모습을 본다. 마귀의 호흡으로 공기가 무겁게 가라앉는다. 마귀의 그림자로 어둠이 더욱 짙어진다. 마귀의 으스스한 냉기로 땅이 차갑게 식는다. 사탄 때문에 가룟 유다는 한층 더 악해지고 베드로는 점점 더 비겁해진다.

예수님은 겟세마네 동산 초입에서 고민하고 슬퍼하시다가

마침내 "내 마음이 매우 고민하여 죽게 되었으니"(마 26:38)라고 탄성을 지르셨다. 왜 그러셨을까? 예수님이 말씀하신 것처럼 이제 어둠의 권세의 때요 그들이 판을 치는 때가 왔기(눅 22:53) 때문이다. 그런데 왜 어둠의 권세가 판을 치는 것일까? 이 세상이 심판받을 때가 되었고, 이 세상 임금이 쫓겨날 때가 왔기(요 12:31) 때문이다. 이때 겟세마네 동산은 전부 침묵했고 공포와 오싹함이 흘렀다. 왜 그런가? 이 세상 임금이 예수님의 십자가 길을 막기 위해 접근하고 있었기(요 14:30) 때문이다.

이 상황에서 마귀가 예수님의 십자가 길을 막기 위해 사용한 방법은 광야에서 써먹은 방법과는 달라도 한참 달랐다. 마귀는 광야에서 예수님께 공감하는 척하면서 질문하는 영으로, 예수님의 육신의 고통을 덜어주려는 영으로 나타났다. 마귀는 육신을 가장 즐겁게 하고, 돋보이게 하고, 만족시키는 일을 제안했다. 광야에서 마귀가 쓴 방법에는 어린양의 온유함 같은 것, 친구의 관심과 연민 같은 그 무엇이 있었다. 그러나 여기 겟세마네 동산에서 마귀는 완전히 바뀌었다. 마치 어린양이 포효하며 으르렁거리는 사자로 바뀐 것 같다.

예수님은 광야에서 육신과 자아와 세상의 유혹에 넘어가지 않으셨다. 그래서 사탄은 예수님의 마음에 공포와 오싹함을 넣어 압도해야만 했고, 예수님에게 나약함과 두려움을 집어넣어 확고부동한 예수님을 정복하려고 했다. 이와 같이 사탄은 부드러운 유혹이 잘 먹히지 않을 때, 사자처럼 강력하고 맹렬하게 성도들을 찾아간다.

01 원수를 움직이는 유일한 동력은 '악'이다.

원수가 가진 막대한 자원과 능력은 오직 악한 목적을 위해서만 사용된다. 오직 '악'만이 그의 행동과 에너지에 동기를 부여한다. 마귀는 누군가를 구하거나 복을 베풀기 위해 움직이는 법이 없고, 호의적인 행동이나 불쌍히 여기는 마음에 대해 아는 바가 없다. 마귀는 오직 인간의 영혼을 파괴할 일념으로 사자처럼 맹렬하고 단호하게 먹이를 찾아 두루 다닌다.

02 원수가 세상에 덧입힌 매력에 속지 말라.

마귀는 이 땅에서 엄청난 일을 하고 있다. 마귀는 악한 짓을 행하라고 인간들을 유혹하느라 바쁘다. 마귀는 이 분야에 숱한 경험이 있고, 한마디로 이 분야의 달인이다. 마귀의 간교한 계략에 의해 죄는 사악함을 벗는 것처럼 보이고, 세상은 매력을 덧입고, 인간의 자아는 갑절의 힘을 얻는다. 또한 마귀는 고결한 믿음을 광신으로 바꾸고 사랑을 증오로 바꾼다.

03 하늘에 속한 것과 땅에 속한 것의 충돌은 피할 수 없다.

적막한 광야에서 굶주린 예수님과 사탄 사이에 얼마나 무서운 충돌이 일어났는지 아는가? 그것은 하늘에 속한 것과 땅에 속한 것의 싸움이었다. 즉, 하나님을 믿는 믿음과 마귀를 믿는 믿음의 싸움이었다. 이 둘은 충돌할 수밖에 없다. 마귀가 광야에서 예수님을 시험한 사건은 마귀가 모든 시험을 다한 후에 얼마 동안 떠나는 것으로 일단락되었다.

근신하라 깨어라 너희 대적 마귀가
우는 사자같이 두루 다니며 삼킬 자를 찾나니
베드로전서 5장 8절

✢

이르시되 너희는 나를 누구라 하느냐 시몬 베드로가 대답하여 이르되 주는 그리스도시요 살아 계신 하나님의 아들이시니이다 예수께서 대답하여 이르시되 바요나 시몬아 네가 복이 있도다 이를 네게 알게 한 이는 혈육이 아니요 하늘에 계신 내 아버지시니라 또 내가 네게 이르노니 너는 베드로라 내가 이 반석 위에 내 교회를 세우리니 음부의 권세가 이기지 못하리라

마 16:15-18

원수의 간교한 속임수에
결코 넘어가지 말라

음부의 권세

마귀는 참으로 교활하고 야심이 대단해서 자신의 과녁을 개인에게 제한하지 않는다. 대신에 여러 나라의 정책을 통제하고 정부를 장악하려고 애쓴다. 마귀는 이 일의 성공을 강하게 열망하며 이 땅의 백성들을 미혹하기 위해 부지런히 움직인다(계 20:8 참조).

사탄은 온갖 속이는 일에 능숙한 전문가이다. 사탄은 가공할 만한 위력을 지닌 천사장인지라 그리스도인의 비율이 높은 나라의 백성들을 미혹하는 데 성공하기도 한다. 사탄은 그들을 조종하여 성경의 모든 원칙을 왜곡하고 곡해하는 풍조風

潮를 일으킨다. 그리스도의 신부新婦인 교회는 순결함을 버리라는 마귀의 유혹에 굴복할 때 세속적인 형식주의로 전락하게 된다.

"음부陰府의 권세가 교회를 이기지 못할 것이다!"라는 우리 주님의 약속은 사탄의 모든 계책과 맹습에 대해 유효한 말씀이다. 그러나 어찌된 일인지 이 불변의 말씀은 종종 교회의 존재 이유를 왜곡하고 최후 승리의 날을 지연시키는 마귀의 전략으로부터 교회를 지켜내지 못하는 것 같다. 그 이유가 무엇일까?

교회를 타락시키려는 세력을 조심하라

원수는 극악무도할 뿐만 아니라 계책과 교활함에서도 다방면에 촉수를 뻗는 머리가 여럿 달린 괴물이다. 원수의 궁극적인 목표는 교회라는 조직을 파괴하는 것이 아니라 교회를 자기 손아귀에 넣고 마음대로 흔드는 것이다. 그리고 교회를 향한 하나님의 뜻을 왜곡하려고 하는데, 이 일을 매우 교활하고 음흉하게 진행한다.

원수 마귀의 공격 목표가 된 사람들은 급작스런 변화에 직면하거나 경악하거나 충격받는 일 없이 쥐도 새도 모르게 마귀의 손아귀에 떨어지게 된다.

때로는 마귀가 그리스도의 영광을 드높이려는 열심을 빙자하여 혁신적인 것처럼 보이지만, 실제로는 파괴적인 변화를 교회에 들이기도 한다. 이런 변화는 세상의 지위나 평판이나 물질적 부富 등으로 사람들에게 존경을 받고 있지만, 자신이 옹호하는 수단이 파괴적이라는 사실을 전혀 모르는 사람들에 의해 교회에 종종 유입된다.

사탄의 사악한 계략 중에 하나는 교회를 평가하는 기준을 잘못 세우는 것이다. 만일 사탄이 사람들을 조종해 교회의 능력을 허위로 평가한다면, 교회 평가에 물질적인 것을 최우선으로 삼게 한다면, 물질적인 힘이 교회를 이끌어가는 힘이 되게 한다면, 사탄은 이미 자신의 뜻을 이룬 것이리라!

모세 율법 아래 있던 이스라엘 백성들은 하나님의 뜻을 거역하는 것과 물질의 힘으로 하나님의 뜻을 대체하는 것을 주의하고 경계했다. 그래서 이스라엘의 왕들은 물질적인 힘을 축적하고 의지하는 데 경고를 받았다. 다윗 왕은 이스라엘 백성의 인구를 계수하라는 사탄의 유혹에 굴복했을 때 이 율법을 위반했다.

우리 주님께서 광야에서 받으셨던 세 번째 유혹에는 하나님 나라의 목적을 파괴하려는 의도가 있었다. 사탄은 물질적인 요소들로 영적인 요소들을 대체함으로써 자기 뜻을 이룰 속 셈이었다.

이 방법은 마귀가 교회를 기만하고 주의를 빼앗고 타락시키기 위해 즐겨 사용하는, 교활하고 성공 확률이 높은 방법이다. 마귀는 가장 매력적인 결과들을 우리 앞에 늘어놓고는 교회 지도자들 앞에서 인간의 능력을 칭송하여 그들을 현혹하고 함정에 빠뜨린다. 그렇게 되면 교회는 영성을 자랑하지만, 다른 한편으로는 철저하게 세속화된다. 세상의 어떤 사기꾼과 협잡꾼도 '기만'이라는 극악한 일을 사탄보다 교활하게 해내지 못한다. 사탄이 "광명의 천사"(고후 11:14)로 가장하고 나타나 영혼을 사망으로 이끌기 때문이다.

교회에 힘을 실어주는 참 능력을 제대로 인지하지 못하는 것은 교회의 역할을 바르게 인지하지 못하는 것이다. 교회의 성격이 변질되면 노력과 목표 또한 변질된다. 교회의 힘은 하나님께 헌신하는 데 있다. 그러므로 다른 것들은 부수적인 것이요 교회의 힘의 원천이 될 수 없다. 그러나 어떤 교회의 교인수가 많을 때, 교회가 지역사회에서 어느 정도 위치를 차지하고 있을 때, 교회의 재정 기반이 튼튼할 때, 그 교회는 소위 '강력한 능력의 교회'라고 불린다. 유식하고 유능한 달변의 설교자가 강단에 서 있고, 유행에 민감하고 지적이고 돈 많고 영향력 있는 사람들이 예배당의 긴 의자에 앉아 있을 때, 그 교회는 '강력한 능력의 교회'로 인정을 받는다. 그러나 이런 억측은 완전히 세속적이다.

능력의 근원을 왜곡하지 말라

이런 식으로 교회의 능력을 정의하는 교회가 있다면, 그 교회는 지금 배교背敎의 길로 고속 질주하는 것이다. 교회의 능력은 그 안에 있지 않기 때문이다.

교회의 믿음, 성결, 영적 열기가 교회의 능력의 요인이다. 교회의 능력은 그 교회의 교인수나 자산에 있지 않다. 교회의 능력은 교회 구성원들의 성결함에 있다. 교회의 힘은 세속적인 부속물이나 자산이 아니라 성령께서 그 구성원들에게 부여하시는 데서 발견된다.

어떤 교회가 힘의 근원을 영적인 것에서 물질적인 것으로 옮기고 성령에서 세상으로 옮긴다면, 그것은 그 교회의 죽음을 알리는 가장 치명적인 징후이다.

교회 안에 있는 하나님의 능력이 교회의 힘을 측정하는 잣대이다. 이것은 하나님이 모든 교회에서 찾으시는 특질이다. 성령님은 교회에 존재 목적을 성취할 수 있는 역량을 주신다.

그러므로 이런 교회들과 대조되는 교회를 보여줘라! 가난하고 무식하고 궁벽하고 유명하지는 않지만 뜨겁게 기도하는 성도들로 이뤄진 교회를 보여줘라! 그들은 힘도 없고 재산도 없고 영향력이 없을지도 모른다. 그들의 가족은 하루 벌어 하루 먹어야 하는 사람들일지도 모른다. 그러나 그들에게는 하나님의 권능이 감춰져 있으며(합 3:4) 그들의 영향력은 영원히 느끼게 될 것이다. 그들이 가는 곳마다 빛의 샘이 솟을 것이며, 그들 안에 계신 그리스도께서 영광을 받으실 것이며, 그리스도의 나라가 전진할 것이다. 그들이 바로 그리스도의 빛을 반사하는 택함을 받은 구원의 그릇들이기 때문이다.

오늘 교회 안에는 교회가 사탄의 현란한 손놀림에 넋을 잃고 눈이 멀었음을 알려주는 명백한 표시들이 많다. 오늘의 교회는 물질적으로 날로 진보하는 세상의 영향을 심각하게 받고 있다. 우리는 번영에 대해 너무 많은 말을 듣고 너무 오랫동안 시선을 고정한 탓에 영적인 생각은 안중에도 없어졌다. 우리는 우리의 모든 것에 부티가 흘러야 하며, 화려하게 증대되어야 하며, 물질적으로 웅장한 외양이 있어야 한다고 생각한다. 그리고 이에 미치지 못하는 것들은 다 천한 것으로 간주한다. 이것이 바로 오늘의 교회가 마주하는 가장 위태로운 상황이다.

'물질적인 성공'의 헛된 신화가 교회 안에 마구 쑤셔 넣은 세속적 매력들이 성결의 유순하고 겸손한 열매들의 가치를 떨어뜨릴 때 교회는 위태로운 상황을 모면하지 못할 것이다.

우리는 이런 시류에 굴복하면 안 된다. 단 한순간, 100분의 1밀리미터라도 세상에 자리를 내주면 안 된다. 우리의 모든 길에, 우리 삶의 모든 순간에 성결과 하나님에 대한 헌신을 강조해야 한다. 교회는 사탄의 미혹과 덫을 간파해야 한다. 이런 식으로 교회 능력의 원천을 하나님에게서 세상으로 옮기는 것, 성령이 주시는 능력과 힘을 거부하는 것이 결국 사탄에게 굴복하는 일이라는 사실을 반드시 알아야 한다.

그러나 오늘의 교회는 영적인 힘이라는 요소를 점점 더 무시할 뿐 아니라 멸시하는 경향을 보이고 있다. 오늘의 교회는 영적인 요소들보다 더 인상적이고 세속적인 아이디어들을 채택하기 위해 영적인 요소들을 접어두는 기이한 경향을 나타내고 있다.

원수는 물질로 교회를 기만한다

요즘 교계에서는 교회를 번영하게 하는 원칙들을 통계일람표 항목에서만 찾을 수 있다고 주장하는 사람들이 많다. 그래서 지역 교회마다 신앙과 무관한 세속적인 사실과 객관적인 통계에 맞물려 돌아가는 이 세대에 어떻게든 깊은 인상을 끼치려고 애쓴다. 하지만 우리의 생명처럼 중요한 영적 상태와 유익은 단순히 숫자로 환원될 수 없는 것들이다. 이런 이유로 교회 성장에 중요한 요소들이 교회 성장의 통계 항목에서 누락될 수밖에 없고, 그렇게 얼마의 시간이 지나면 주목이나 주의를 받지 못한 채 잊혀진다.

따라서 우리가 방법을 바꾸지 않으면 교회의 힘의 원천에 관한 개념이 완전히 세속화될 것이다. 물질이 가져온 결과들이 아무리 대단하고 화려하게 보일지라도, 교회의 세속적인 부분이 제아무리 근사하고 번영하는 것처럼 보여도 우리는 이런 것들보다 더 깊은 것에서 교회의 힘을 얻어야 한다. 우리는 교회의 힘이 이런 것들 안에 있는 것이 아니라고 분명히 선포해야 한다. 또한 강도를 더해가며 반복해서 강조해야 한다.

이런 것들은 우리가 참된 부유함과 혼동하는, 겉에만 금박金箔이 입혀진 미혹에 지나지 않는다. 우리가 "나는 부자라 부요하여 부족한 것이 없다"라고 허튼소리를 할 때 하나님께서는 "네 곤고한 것과 가련한 것과 가난한 것과 눈 먼 것과 벌거벗은 것을 알지 못하는도다"(계 3:17)라고 말씀하실 것이다.

교회의 물질적인 부富와 외양적 번영은 우리의 영성을 방부 처리하여 매장하는 값비싼 방향芳香과 화려한 장식이 될 수 있다. 교회의 진정한 힘은 교인들의 경건함에 있기 때문이다. 교회 구성원 각자의 개인적 성결이 교회의 힘을 측정하는 유일한 참 잣대이다. 이것 외에 다른 기준들은, 그것이 무엇이든지 하나님을 거스르게 될 것이며, 그리스도께 수치를 안길 것이며, 성령을 근심하게 할 것이며, 우리의 신앙을 훼손할 것이다.

가장 치명적인 형태의 '교회의 죽음'이 교회의 주요 장기臟器들을 갉아먹을 때 물질적인 힘을 가장 효과적으로 전시하곤

한다. 어떤 교회의 물질적인 번영이나 그 교회가 하는 활동으로 교회 상태를 판단하는 것은 아주 위험한 미혹이다. 일반적으로 어떤 교회의 그럴싸한 외양과 이례적인 성장이 그 교회의 황폐함과 부패를 은폐하는 경우가 많다.

그러나 영적인 교회는 사람들을 죄의 길에서 온전하게, 명백하게, 완전히 돌아오게 할 것이다. 또한 성결의 길로 인도할 것이며, 그들이 하나님의 마음을 기쁘시게 하는 길로 걷기 위해 분투하도록 이끌 것이다.

우리는 이런 영성을 교회 한구석에 아무렇게나 처박아놓을 수 없다. 우리는 이 영성을 우리의 최우선적이고 유일한 본분으로 삼아야 한다.

하나님의 교회는 죄인을 회개시키고 성도를 온전히 성결하게 하는 이 일을 계속 수행해야 한다. 어떤 교회가 이 일을 부차적인 것으로 만들거나 다른 관심사를 이 일과 동등하게 여길 때마다 그 교회는 세속적이 될 것이다. 어떤 교회가 물질적인 관심사를 강조하면 그것이 다른 모든 것들보다 더 두드러지게 될 것이요, 그러면 마침내 세상이 그 교회의 보좌에 앉아 사탄의 홀笏을 흔들 것이다.

교회의 물질적인 번영을 교회의 최우선 목표로 삼는 것보다 교회를 세속적으로 만드는 확실한 방법은 없다. 이것은 사탄을 교회의 명령권자의 자리에 앉히는 가장 확실한 방법이다. 교회가 물질적인 평가를 최우선 순위에 놓는 것이 어렵게 이루어지는 것은 아니다. 물질적인 평가를 강조하다 보면 그것이 가장 중요하다는 여론이 형성되고 마침내 그것을 교회의 최우선순위에 놓게 되기 때문이다.

우리가 헌금 액수나 예배당 건물이나 출석 교인 숫자를 교회 번영을 입증하는 증거로 삼는다는 것은, 세상이 교회 안에 든든한 거점을 확보했다는 것과 사탄이 그 교활한 목적을 성취했다는 것을 의미한다.

인간의 생각

사탄의 또 다른 책략은 거듭나지 못한 심령과 성화_{聖化}되지 못한 이들의 입맛에 거슬리는 자기부정의 규례들을 교회에서 제거하는 것이다. 사탄은 교회를 단순한 인간의 제도, 곧 통속적이고 자연적이고 육신적이고 은근히 만족을 주는 제도로 축소시키려고 애쓴다.

사탄은 사람의 생각에 맞추어 하나님의 교회를 인간의 제도로 바꾸려고 애쓴다. 사탄은 이 술책보다 하나님의 높고 거룩하신 뜻을 더 철저하게 훼방하는 술책을 가지고 있지 않다. 이런 술책으로 하나님의 오른팔을 마비시키고, 그리스도의 몸을 사탄의 몸으로 만들고, 빛을 어둠으로 변형시키고, 생명을 사망으로 바꿀 수 있기 때문이다.

오늘날 교회 지도자 중 많은 사람들이, 자기들이 진리라고 생각하는 것과 그리스도의 이름을 높여줄 것 같은 것들에 잘못 집착해 종종 눈이 머는 것을 볼 수 있다. 그들은 그리스도의 가르침에서 마음을 콕콕 찌르고, 불쾌하게 만들고, 대중적이지 않고, 자아부정을 요구하는 '싫은' 말씀들을 제거하려 애쓴다. 구원의 아름다움과 능력이 그 말씀들에서 비롯된 것이고 또 그런 말씀들이 복음을 하나님이 주신 것으로 확증하는데도 그들은 자기들 구미에 맞지 않는 말씀들을 없애려고 한다.

베드로가 우리 마음에 가장 정곡으로 찌른 교훈적인 경고가 있다.

이때로부터 예수 그리스도께서 자기가 예루살렘에 올라가 장로들과 대제사장들과 서기관들에게 많은 고난을 받고 죽임을 당하고 제 삼일에 살아나야 할 것을 제자들에게 비로소 나타내시니 베드로가 예수를 붙들고 항변하여 이르되 주여 그리 마옵소서 이 일이 결코 주께 미치지 아니하리이다 예수께서 돌이키시며 베드로에게 이르시되 사탄아 내 뒤로 물러가라 너는 나를 넘어지게 하는 자로다 네가 하나님의 일을 생각하지 아니하고 도리어 사람의 일을 생각하는도다 하시고 이에 예수께서 제자들에게 이르시되 누구든지 나를 따라오려거든 자기를 부인하고 자기 십자가를 지고 나를 따를 것이니라 누구든지 제 목숨을 구원하고자 하면 잃을 것이요 누구든지 나를 위하여 제 목숨을 잃으면 찾으리라 사람이 만일 온 천하를 얻고도 제 목숨을 잃으면 무엇이 유익하리요 사람이 무엇을 주고 제 목숨과 바꾸겠느냐 인자가 아버지의 영광으로 그 천사들과 함께 오리니 그때에 각 사람이 행한 대로 갚으리라 마 16:21-27

모든 시대 모든 이들을 위한 교훈이 여기에 담겨 있다. 베드로 사도가 한순간에 사탄의 입이 되다니! 이 얼마나 경악스럽고 두렵고 몸서리쳐지는 묘사인가! 주님의 영광을 드러내기를 열망하는 사도가 오히려 온 힘을 다해 주님의 영광을 영원히 파괴할 사탄의 술책을 옹호하다니! 사도 베드로가 사탄의 수하가 되다니!

더욱이 이 사도가 누구인가? 방금 전에 "주는 그리스도시요 살아 계신 하나님의 아들이시니이다"(마 16:16)라고 고백한 사도가 아니던가? 이런 고백으로 그리스도께 가장 높은 영광을 얻고 교회에서도 가장 높은 지위에 오르게 된 사도가 아니던가? 그런데 하나님이 주신 그 경이로운 고백의 여운이 가시기도 전에 베드로는 자신의 고백을 무효로 만들고 교회의 영원한 기초를 파괴할 계략을 주장하는 사탄의 옹호자가 되어버렸다.

빠지기 쉬운 길

그리스도의 수제자 베드로가 그리스도에게서 왕권을 빼앗을 뻔한 마귀의 계책을 옹호했다니! 방금 전에 "주를 그리스도시요 살아 계신 하나님의 아들로 고백했던 베드로가 바로 다음 순간에, 하늘이 가장 귀하게 여기는 계획에 파괴적이고 수치스러운 최후를 선사하려 한 마귀의 계책을 옹호했다니!

도대체 어떤 파괴적인 충동이 베드로를 충동질한 것일까? 사탄이 잠시나마 그의 마음에 들어가 사악한 뜻을 성취했기 때문이다. 그리스도께서는 베드로를 꾸짖으시고 그 꾸짖음으로 사탄에게 일격을 가하셨다.

예수님은 "사탄아 내 뒤로 물러가라"(마 16:23)라고 베드로를 꾸짖으셨다. 이 꾸짖음은 예수님이 광야에서 시험을 받으실 때 사탄에게 응하셨던 대답을 상기시킬 뿐 아니라 그 대답의 반복이기도 하다(마 4:10 참조).

또한 예수님은 베드로에게 "너는 나를 넘어지게 하는 자로다"(마 16:23)라고 말씀하셨다. 베드로를 통한 마귀의 유혹은 그리스도를 올무에 빠뜨리려는 원수의 방아쇠였다. 하지만 그리스도께서는 그것을 간파하시고 "네가 하나님의 일을 생각하지 아니하고 도리어 사람의 일을 생각하는도다"(마 16:23)라고 말씀하셨다. 그 자리에 마귀는 보이지 않았고, 베드로만 있었다. 그러나 마귀는 베드로를 다그쳐 자신의 생각을 전면에 내세웠다.

교회의 계획과 교회 생활에 대한 '인간의 생각'은 하나님의 계획과 반대된다. 자기부정, 경건한 삶, 그리스도께 굴복하는 높고 거룩한 원칙들은 그리스도의 교회에 대한 '인간의 생각'과 반대된다.

마귀는 교회를 간접적으로 파괴하려고 노력한다. 사람의 생각은 자기부정, 굴복하는 삶, 세상과의 구별 등 대중들이 선호하지 않을 만한 십자가의 모든 원칙들을 제거하려 한다. 어떤 교회에서 이런 일이 일어나면, 그때부터 그 교회는 마귀가 다스린다. 그런 교회는 대중들의 인기를 얻을지도 모른다. 인간의 자아를 흡족하게 배불리면서 현대적으로 진보할지 모른다. 그러나 그런 교회는 모든 면에서 혈과 육을 기쁘게 하는 토대 위에 서 있는 마귀의 교회이다.

어떤 교회에서 이런 일이 일어나면 그리스도께서 더 이상 그 교회에 계시지 않는다. 그런 교회는 더 이상 자아를 십자가에 못 박고 세상을 십자가에 못 박지 않는다. 그런 교회는 그리스도의 재림과 영원한 심판과 영원한 지옥과 영원한 천국을 더 이상 믿지 않는다. 그런 교회는 인간의 악취를 강하게 풍기므로 하나님을 떠오르게 하는 것을 무엇 하나 남겨놓지 않는다. 그런 교회는 그리스도의 교회를 '인간의 생각'으로 가득한 지도자들에게 넘겨줌으로써 그리스도의 교회를 마귀의 교회로 만든다. 이런 교회는 세상을 얻을지 몰라도 영혼과 천국은 영원히 잃고 만다.

이 망신스러운 배교의 핵심, 그리스도를 보좌에서 끌어내리고 그 자리에 마귀를 옹립하는 이 치욕스러운 배교의 핵심은 성령을 교회 지도자의 자리에서 면직시키는 것이다. 사탄의 계략은 영적이지 않은 사람들, 곧 세속적인 사람들을 교회의 지도자로 세워 교회를 지도하게 하는 것이다. 그래서 경건하지도 않고 영적이지도 않은 많은 사람들이 단지 역량과 지도력이 있다는 이유로 하나님의 교회에서 주도권을 잡는 일들이 비일비재하게 일어난다.

그러나 '인간의 생각'을 가진 인간들이 교회의 지도권을 향한 야심을 불태우는 것, 그런 지도자들을 성령의 자리에 즉위시키는 것은 명백한 배교背敎의 운명이요 징후이다.

하나님의 교회에는 성령의 지도권 외에 다른 어떤 지도권도 없다. 하나님의 영靈을 가장 많이 받은 사람이 하나님께서 택하신 지도자이다. 그런 사람은 자신의 지도력이 아니라 성령의 주권을 열망할 것이며 가장 작은 자가 되기를, 모든 이들의 종이 되기를 갈망할 것이다.

01 원수는 교회를 손에 넣으려고 한다.

원수의 궁극적인 목표는 교회 조직을 파괴하는 것이 아니라 교회를 자기 손아귀에 넣고 뒤흔드는 것이다. 사탄은 영적인 요소들을 물질적인 요소들로 대체함으로써 자기 뜻을 이루고자 한다. 이 방법은 마귀가 교회를 타락시키기 위해 가장 즐겨 사용하는 방법이다. 세상의 어떤 사기꾼도 '기만'이라는 극악한 일을 사탄보다 더 교활하게 해내지 못한다. 사탄이 '광명의 천사'로 가장하고 나타나 영혼들을 사망으로 이끌기 때문이다.

02 원수는 물질로 교회를 기만한다.

교회는 사탄의 미혹과 덫을 간파해야 한다. 교회의 능력의 원천을 하나님에서 세상으로 옮기는 것, 성령이 주시는 능력과 힘을 거부하는 것은 결국 사탄에게 굴복하는 일이라는 사실을 반드시 알아야 한다. 교회가 물질적인 번영을 최우선 목표로 삼는 것보다 교회를 세속적으로 만드는 확실한 방법은 없다.

03 인간의 생각은 하나님의 계획을 방해한다.

베드로는 주님을 '그리스도시요 살아 계신 하나님의 아들'로 고백했지만, 곧바로 하늘의 계획을 무너뜨리려는 마귀의 계책을 옹호했다. 사탄이 잠시 그의 마음에 들어가 사악한 뜻을 성취했기 때문이다. 이에 주님은 "사탄아 내 뒤로 물러가라"라고 꾸짖으시고 사탄에게 일격을 가하셨다. 사탄은 인간의 생각을 전면에 내세워 하나님의 계획을 방해하려고 한다.

누구든지 제 목숨을 구원하고자 하면 잃을 것이요
누구든지 나를 위하여 제 목숨을 잃으면 찾으리라
마태복음 16장 25절

✤

예수께서 대답하시되 진실로 진실로 네게 이르노니 사람이 물과 성령으로 나지 아니하면 하나님의 나라에 들어갈 수 없느니라 육으로 난 것은 육이요 영으로 난 것은 영이니 내가 네게 거듭나야 하겠다 하는 말을 놀랍게 여기지 말라 … 너희는 알지 못하는 것을 예배하고 우리는 아는 것을 예배하노니 이는 구원이 유대인에게서 남이라 아버지께 참되게 예배하는 자들은 영과 진리로 예배할 때가 오나니 곧 이때라 아버지께서는 자기에게 이렇게 예배하는 자들을 찾으시느니라 하나님은 영이시니 예배하는 자가 영과 진리로 예배할지니라 요 3:5–7:4:22–24

05

세상 구원이라는 미명 아래
십자가를 저버리지 말라

하나님의 방법인가?

교회를 이끄는 방법에는 두 가지가 있다. 하나는 하나님의
방법이요 다른 하나는 마귀의 방법이다. 하나님의 방법과 인
간의 방법은 완전히 상치된다. 인간의 지혜로운 계획, 사려 깊
은 수단, 손쉬운 해결책들은 마귀의 손에서 나온 방책이다. 인
간의 방법이 교회에서 득세할 때, 십자가는 퇴출을 당하고 세
상이 승진한다. 또한 우리 주님께서 명하신 자기부정(마 16:24 참
조)이 사라지고, 모든 것이 밝고 즐겁게 번영하는 것처럼 보인
다. 이때 사탄의 손이 모든 것을 통제하며 인간의 계획이 팽배
해진다.

그러나 이런 인간의 방책들을 의지하면 교회는 넘어질 수밖에 없고, 너무도 철저하게 파탄이 나서 하늘의 법정이라도 붕괴된 단체를 위한 후임자를 지명하려 들지 않는다.

하나님의 모든 계획에는 십자가 표시가 있다. 하나님의 계획 속에 '자아의 죽음'이 있고, '세상을 십자가에 못 박음'이 있다. 그러나 인간의 계획은 십자가에 걸림돌이 되는 것을 무시하거나 멸시한다.

인간의 계획에는 심오하고 엄격하고 희생적인 '자기부정'이 없다. 인간의 계획은 세상에 속한 것들을 증진시키고 증대시킨다. 마귀가 이런 파괴적인 요소들을 얼마나 많이 교회에 들인 것인가? 어쩌다 오늘의 교회들이 교회의 거룩한 목표와 교회를 향한 하늘의 뜻을 퇴출시키고 망각하는 지경에 이른 것인가!

사회 구원 vs 개인 구원

사탄의 계책 중의 하나는 교회의 목표를 왜곡하는 것이다. 사탄은 교회 지도자들을 미혹하여 오늘 교회의 주요 목표가 개인들을 '사회에서' 구원하는 것이라기보다는 '사회를' 구원하는 것이며, 사람들의 영혼 구원보다는 사람들의 육신을 구원하는 것이다. 사람들을 집단에서 구원하는 것이라기보다는 집단 내 사람들과 인간성을 구원하는 것이라고 생각하게 만든다. 한마디로 사탄은 개인이 아니라 '세상'이 구속救贖의 대상이라는 생각을 교회 지도자들의 마음속에 집어넣는다.

이런 대중적이고 유혹적이고 치명적인 오류가 오늘 그리스도의 교회 기반 자체를 왜곡하고 있다. 이 경향은 실로 강력해서 교회에서 영적이고 영원한 것들의 모든 흔적을 깨끗이 쓸어낸다. 그러므로 우리는 방심하지 말고 경계해야 하며 지칠 줄 모르는 에너지로 일해야 하며 겁을 모르는 담대함으로 증거해야 한다.

요즘 우리 귀에 종종 들리는 신앙적 가르침에 관한 태도와 선언들은 유대인들의 유니테리언(Unitarian, 삼위일체와 그리스도의 신성神性을 부정하는 신교의 일파) 사상과 19세기 합리주의 사상의 특색을 이룬 것과 동일한 계통과 사조에 속한 것이다.

오늘날 진취적인 교회들이 전념하고 있는 '사회 구원'은 일종의 종교적 유행에 지나지 않는다. 진보적인 사상가들이 사회 구원의 개념을 매우 정교하게 다듬지만, 그들은 자신들의 상태에 대해 전혀 모르고 있다. 그들은 자신들의 주장이 '전진하는' 사상이 아니라 '퇴보하는' 사상임을 깨닫지 못하고 있다. 이런 뒷걸음질은 우리의 기독교 신앙을 오래 전 유대주의가 매장된 무덤에 함께 묻어버린다. 세상을 살리고 개인을 무시하는 사조는 아마도 세속적인 랍비들의 어리석은 꿈에 호응하는 것일 게다.

'세상 구원'이라는 말은 매우 거창하게 들린다. 교회가 사회 구성원들이 감지하는 악취를 줄이기 위해, 그들이 마시는 물의 세균을 없애기 위해, 그들이 가는 길에 나무나 벽돌이 아니라 단단한 대리석을 깔아주기 위해, 그들의 현재 환경을 개선하고 위생여건을 증진하는 데 전념하는 것은 매우 옳은 일처럼 보인다. 이 모든 것은 매우 훌륭해 보이고 물질주의 시대에도 딱 어울리는 것 같다. 이것은 사람들의 눈앞에 실제적인 결과를 내놓고 명백하고도 인상적인 결과들을 보여준다. 그러나 이것이 기독교의 고결한 위엄에 어울리는가? 이것이 교회의 본질적인 목표와 일치하는가?

교회만이 이런 목표들을 성취할 수 있는가? 오히려 지역구에 관심 있는 국회의원과 유능한 행정관리와 경찰의 일상적인 단속이 훨씬 더 좋은 결과를 낼 수 있을 것이다. 그들이 이 목표를 성취하는 데 교회나 성경이나 그리스도나 성도의 개인적인 성결이 필요하지 않다.

만일 어떤 교회가 다른 주체들이 훨씬 더 잘 수행할 수 있는 일에 모든 노력을 기울인다면, 그 교회는 금세 사람들에게 '성가신 존재'로 간주될 것이요, 결국 세상의 영향력을 상실하게 될 것이다.

바다에 던져진 그물 같은 교회

하나님의 교회의 목표는 이런 유치한 몽상과 열매 없는 철학보다 훨씬 더 크다. 하나님의 교회의 목표는 개인을 거듭나게 하여 성화聖化시키는 것이요, 개인을 정결하게 하고 훈련시킴으로써 영원한 생명을 추구하도록 준비시키는 것이다.

교회는 바다에 던져진 그물과 같다. 어부가 그물을 바다에 던지는 이유는 바다를 변화시키기 위해서가 아니라 바다에서 고기를 잡기 위함이다. 어부는 바다가 그 본성대로 요동하게 내버려둔 채 그물로 고기를 낚는다.

만일 어떤 어부가 바다의 본질적인 요소를 변화시키기 위해 화학 약품을 사용하면서 어획량이 증대되기를 바란다면 어떨까? 그 어부는 한 마리의 고기도 낚지 못할 것이다. 만일 교회가 그런 방법을 사용한다면 개인의 성결은 불가능할 것이며, 천국 또한 우리의 고백과 삶과 소망에서 철거될 것이다.

개인을 무시하면서 세상을 구원하려는 시도는 공상소설에서나 나올 법한 사회개량 계획일 뿐 아니라 모든 면에서 파괴적인 결과를 낳는 인간의 방법일 뿐이다. 세상 구원이라는 말은 참으로 훌륭한 목표처럼 들린다. 그러나 그것은 교회를 세속적으로 만들고, 교회가 본래 맡은 거룩하고 고결한 사명에 어울리지 않게 만든다.

그리스도께서는 세상을 얻는 것과 사람을 구원하는 것이 서로 상반되는 목표라고 말씀하셨다(마 16:26 참조). 그리스도께서는 베드로의 입에서 나온 사탄의 속셈이 교회에 세상을 가져다주겠지만 그것은 영혼을 죽인다고 가르치셨다. 그 모든 것이 실제로 멸망할 때 모두가 세상 구원이라는 대의大義에 기여하는 것처럼 보일 것이다.

교회는 명백하고 현저하며 전적으로 영적인 제도이다. 교회는 하나님의 영靈으로 창조되어 생명을 부여받은 하나님의 소유로, 하나님의 지배를 받는다. 그러므로 교회의 일꾼들과 가르침이 오직 성령의 수로水路가 될 때에만 사람들의 마음을 움직일 힘과 타당성과 능력을 갖게 된다. 교회에 신령한 특성을 부여하는 것, 교회를 향한 하나님의 뜻을 이루는 것은 오직 성령의 내주하심과 영감靈感이다.

원수는 성령을 성령이 아닌 것으로 대체한다

성령이 교회 안에 들어오지 못하도록 마귀가 차단할 수 있다면, 마귀는 분명히 이 땅의 교회가 하나님의 교회가 될 수 없도록 최대한 막았을 것이다. 실제로 마귀는 성령님이 교회에서 쓰시는 일꾼이나 매개체를 교회에서 퇴장시킴으로써 이 일을 수행한다.

마귀는 자연적인 방책, 곧 성령께서 은혜의 통로로 쓰지 않으시는 자연적인 방책들을 그 자리에 들어앉힌다. 그리스도께서 "육으로 난 것은 육이요 영으로 난 것은 영이니"(요 3:6)라고 말씀하셨을 때 이 불변의 법칙, 즉 성령께서는 자연적인 방책들을 사용하지 않으신다는 법칙을 공표하셨다.

만일 어떤 교회에 신령하고, 기도를 많이 하고, 은혜가 넘치며, 성령으로 충만한 설교자가 있다면 마귀는 어떤 수를 써서든지 그 사람을 퇴장시킬 것이다. 대신 그 자리에 기도하지 않지만, 달변이고 인기 있는 사람을 앉힐 것이다. 그러면 교회가 '유익'을 얻은 것처럼 보일는지 모른다. 하지만 그 유익은 교회의 영적 능력을 자연적인 힘으로 대체함으로 얻은 유익이다. 그리고 아무도 모르는 사이에 교회의 본질을 변질시킬 것이다.

많이 배우지는 못했어도 신령한 사람, 지적 수준이 높지 않아도 "하나님의 깊은 것"(고전 2:10)에 정통한 사람, 부자도 아니고 사회적 지위도 높지 않지만 그리스도와 그분의 뜻에 뜨겁게 헌신하는 사람들은 교회를 이끌 수 있다. 어떤 교회는 이런 일꾼들을 몰아내고 그 자리에 모든 면에서 세련되고 우아한 사람, 그러나 기도와 경건의 인물로는 알려지지 않은 사람을 세울지 모른다. 만일 당신의 교회가 기도하는 경건한 사람들 대신에 사회적 지위가 높은 사람들을 주요 직분에 앉힌다면, 당신의 교회에 당장 재정이 늘어난 것 외에는 다른 변화를 쉽게 알아차리지 못할 것이다. 하지만 당신의 교회에는 중대한 변화가 일어난다. 영적인 교회가 세속적인 교회로 변질되는 어처구니없는 변화가 일어날 것이다. 환한 대낮이 갑자기 어두컴컴한 밤으로 바뀌는 변화도 그 변화만큼 극단적이지는 않을 것이다.

이 지점에서 사탄이 가장 치명적이고 파괴적인 일을 수행한다. 그것이 가장 치명적이고 파괴적인 까닭은 눈에 보이지 않고, 아무에게도 발각되지 않으며, 교회 안에 어떤 충격도 일으키지 않기 때문이다.

사탄은 누가 봐도 악해 보이는 행위로 교회를 왜곡하지 않는다. 대신에 은밀한 '자리 바꾸기'와 아무에게도 들키지 않는 '대체하기'로 교회를 왜곡한다. 사탄이 그런 술책을 쓸 때 고결하고 신령한 것들이 쫓겨나고, 영적인 것들이 물질적인 것들에 자리를 내준다. 이로써 하나님께 속한 것들이 부차적인 것이 되어 제거된다.

영적인 사람들이 교회에서 쫓겨나거나 자연적인 것들에 종속될 때, 교인들을 영적으로 바로 세우는 것이 목표가 아니라 즐겁게 해주는 것이 교회의 이상적인 목표가 될 때, 사탄에 의한 교회 왜곡과 파괴가 성취된다. 이 과정은 매우 독특한 교회의 영적 목표들을 다소 완화시키고 영적 편협함에서 벗어난다는 명목으로 진행되지만 결국 교회의 영적인 것들을 제거한다.

어떤 의미로든 '신앙적'이라고 할 만한 것들은 영적인 것들이 죽을 때 살아남을 수 없다. 우리 신앙에서 영적인 것들이 죽을 때 교회 지도자들은 교인들을 영적으로 바로 세우는 것이 하나님의 교회의 목표임을 놓치고 유쾌하고 즐거운 여흥을 전면에 내세울 것이다. 우리 신앙의 영적인 것들이 죽을 때 세상 세력이 영의 세력을 교회에서 퇴출시킬 뿐 아니라 파괴할 것이다.

세속적인 것과 영적인 것을 결합하는 속임수

넓은 식당과 휴게실, 다양한 사교 모임과 체육관 등을 마련하고 육신과 세상을 섬기는 현대 교회가 시사하는 것만큼이나 걱정스럽다. 초대교회에 토대가 되고 장려한 원칙들과 현대의 진보 교회들이 대체물로 내놓는 원칙들이 극명하게 대비되기 때문이다.

초대교회는 철저하게 영적靈的이었다. 그들의 유일한 목표는 '서로 연합하여' 하나님을 깊고 분명하게 체험하게 만드는 모든 요소들을 강화하는 것이었다. 그들은 영적인 삶을 위해 사람들을 양육했다. 그들은 결코 도덕, 무신론, 지성의 지대에서 서성거리지 않았고, 영적이지 않은 욕구나 성향을 장려하지 않았다.

초대교회는 자신들에게 온 사람들이 진정 "임박한 진노"(마 3:7)를 피하기 위해 왔으며 그들이 온전히 구속救贖받기를 진심으로 갈망한다고 여겼다. 초대교회는 구원을 갈망하는 사람들을 가장 성결하고 확실하게 돕는 것을 자신들의 의무로 여겼다. 그들은 여흥과 사교 모임이 하나님의 은혜가 콸콸 흐르는 교인들의 영적 성장을 촉진시키는 은혜의 수로라고 생각하지 않았다.

그러나 요즘 많은 교회들이 이런 사교적, 육신적 행태를 영적인 것의 완성으로 간주하고 있다. 그들은 이런 행사들을 영적 경건의 성숙한 열매로 나열하고는 교양이 철철 넘치는 그들의 진보된 영적 경건으로 그 행사들의 풍미를 더하고 완성한다. 그들은 이런 행사들을 기도회와 간증회의 하녀로 임명한다. 그러나 나는 세속적인 것과 영적인 것의 결합을 가장 엄숙하게 반대한다. 대체 그 둘의 공통점이 무엇이란 말인가?

우리 신앙의 경건함의 요소 가운데 어떤 요소가 오락과 사교 모임으로 발전한다는 말인가? 오락과 사교 모임이 신앙생활의 어느 부분을 증진시킨다는 말인가? 도대체 체육관의 어떤 특징이 믿음을 낳는다는 말인가? 체육관 어디에서 경건에 도움이 되는 요소를 찾을 수 있다는 말인가? 어떻게 사교적인 파티가 더 신령하고 더 기도하는 삶을 살게 한다는 말인가? 그런 것들이 어떻게 영혼들을 하나님께 더 가까이 인도한다는 말인가? 어떻게 그런 것들이 그리스도인의 교제에 유대감을 형성하거나 키울 수 있다는 말인가?

사교 클럽은 천박하고 경박한 것이 아닌가? 세속적인 것이 아닌가? 파티는 육감적이고 세속적인 사람들의 비위를 맞추는 것이 아닌가? 그들의 입맛에 맞는 것이 아닌가? 그리스도를 증거하는 것과 세속적인 오락 사이에 취지와 정신이 일치하는 것이 하나라도 있는가? 하나는 매우 영적이고, 다른 하나는 영적 유익의 기미도 보이지 않는데 그 둘이 어떻게 결합할 수 있다는 말인가?

그 둘이 결합될 수 있다면, 천국에 이르도록 돕는 것들의 목록에 실내 스케이트장과 미용 체조 항목도 첨가해야 하지 않겠는가? 젊은 사람들이 클럽에 가입하고 싶어 한다면 가입하게 해줘라. 사교 모임에 참석하고 싶어 한다면 참석하게 해줘라. 그러나 그런 것들을 신자의 영적인 삶에 젖을 주는 신령한 제도라 칭함으로써 교인들을 기만하거나 성결함을 훼손하지 말라!

영적 혁명을 일으키라

할 수 있는 만큼 '그것'을 숨겨봐라! 지금 변명하는 것처럼 '그것'에 대해 변명해봐라! 앞으로 설명하려는 방식대로 '그것'에 대해 설명해보아라! 그렇다고 '그것'이 무색해지는 것은 아니다. 여기서 '그것'이란 지금 우리가 당면한 사태의 실상이다. 이 말은 바로 우리가 개인적인 영적 체험의 환희를 상실했다는 것이다. 위대한 영적 운동에서 드러나는 특징인 영원한 것에 관한 깊은 확신을 잃어버리고 말았다.

오늘날 많은 설교자들과 교회 지도자들이 개인의 영적 체험에서 밑바닥까지 내려가 강한 능력을 나타내는 이 독특한 방법을 소중히 여기지 않는다. 대신 그들은 자신들의 영적이지 않은 욕구, 곧 그리스도와 세상의 중간쯤에 있는 영적이지 않은 욕구들을 만족시킬 계획과 조직을 부지런히 만들어내고 있다. 물론 그런 욕구들이 본질적으로 잘못되지는 않았지만, 그들은 티끌만큼도 영적 능력이 없다. 그래서 결코 하늘과 소통하는 통로가 될 수 없다.

어떤 목회자는 요즘 교인들을 영적인 모임에 참석하게 만들기가 어렵다고 말한다. 무엇이 문제인가? 영적인 모임들이 쇠약해져서 능력을 상실한 탓에 겸손하고 경건한 영혼들에게 가치를 잃은 것인가? 누구도 '그렇다!'고 감히 단언하지 못할 것이다. 또 어떤 목회자는 요즘 교인들의 욕구가 왜곡되어 너무 낮은 수준을 바라는 탓에 영적인 것들이 잘 먹히지 않는다고 말한다. 그러면 우리가 성화聖化되지 못한 사람들의 입맛에 맞춰 방법을 바꿔야 하는 가? 아니다. 그럴 수는 없다. 대신에 우리는 그들이 영적인 것에 배가 고프도록 영적 수준을 높여주어야 한다.

목회자들이여! 당신이 먼저 영적 혁명을 시작하라! 하나님과 씨름하라! 당신이 안수를 받았을 때 서약한 것들이 다시 생기를 회복할 때까지, 그래서 모든 교인들이 당신의 절박한 목표와 뜨거운 열정과 단순한 뜻과 성결한 삶을 느낄 수 있을 때까지 하나님과 씨름하라! 모든 교인들이 완벽한 사랑의 지대를 향해 나아갈 때까지, 하나님의 모든 충만하심을 열망할 때까지 당신 마음에 있는 뜻과 불을 그들 마음에 그대로 옮겨라! 이렇게 당신과 교인들이 서로 연합하여 성령의 감동하심 아래 놓일 때 세속적인 여흥은 망각되어 퀴퀴한 냄새를 풍기게 될 것이다. 그리고 그때 교회의 모든 영적 모임에 놀라운 흡인력이 생기고 반갑고 기쁜 모임이 될 것이다.

교회는 영적이지 않은 것과 동맹을 맺을 수 없다. 그렇게 하면 믿음의 긴장감과 견고함을 깨뜨리게 되며 성령을 저버리게 되기 때문이다. 교회는 성화되지 못한 욕구를 공급하는 공급자가 될 수 없다.

사람들을 즐겁게 해주는 것은 교회의 본분이 아니다. 교회 저녁 예배가 음악회와 강연에 자리를 내줄 때, 교회의 찬양이 세속적인 음악으로 변질될 때, 교회가 오락회 장소가 될 때, 교회의 모임이 기도모임보다 인기를 끌 때, 하나님의 집이 기도하는 집이 아니라 먹고 즐기는 곳이 될 때, 교회는 가장 큰 잘

못을 범하게 된다.

사교적 친화와 세속적 매력에 자리를 내주기 위해 성령의 결속과 신령한 형제 사랑의 유대를 퇴출하고 파괴하는 교회는 슬픈 오류를 저지르게 된다.

교회의 고귀하고 고결한 의무는 교회의 주님이신 예수 그리스도를 향한 흠 없는 충성을 유지하는 것이다. 교회는 신령함을 강조하고 모든 수단을 사용해 신령함을 높이고 완성해야 한다. 교회가 이 의무를 지키기만 하면, 교회의 영적 특성과 성결함이 나머지 다른 것들을 정리할 것이다.

01 **사회 구원보다 개인 구원이 먼저이다.**

그리스도의 교회는 거창하게 사회 구원을 외치지 말고 개인 구원에 힘써 야 한다. 사탄은 교회 지도자들에게 교회의 주요 목표가 개인들을 '사회 에서' 구원하는 것이 아니라 '사회를' 구원하는 것이라고 미혹한다. 한마 디로 사탄은 '개인'이 아니라 '세상'이 구속救贖의 대상이라는 생각을 집 어넣는다. 교회는 바다에 던져진 그물과 같다. 어부가 그물을 바다에 던 지는 이유는 바다를 변화시키기 위해서가 아니라 바다에서 고기를 잡기 위함이다. 어부는 바다가 요동하게 내버려둔 채 그물로 고기를 낚는다.

02 **세속적인 것과 영적인 것을 결합하지 말라.**

세속적인 것과 영적인 것의 결합을 엄숙하게 반대한다. 대체 그 둘의 공통 점이 무엇인가? 사탄은 누가 봐도 악해 보이는 행위로 교회를 왜곡하지 않 는다. 대신에 은밀한 '자리 바꾸기'와 '대체하기'로 교회를 왜곡한다. 사탄 이 그런 술책을 쓸 때 고결하고 신령한 것들이 쫓겨나고, 영적인 것들이 물 질적인 것들에 자리를 내준다. 이로써 하나님께 속한 것들이 사라져간다.

03 **당신의 마음에 영적 혁명을 일으키라.**

당신부터 영적 혁명을 시작하라! 하나님과 씨름하라! 당신이 첫사랑을 회 복할 때까지, 모든 교인들이 당신의 절박한 목표와 뜨거운 열정과 단순한 뜻과 성결한 삶을 느낄 때까지 하나님과 씨름하라! 모든 교인들이 완벽한 사랑의 지대를 향해 나아갈 때까지, 하나님의 모든 충만하심을 열망할 때 까지 당신 마음에 있는 뜻과 불을 그들 마음에 그대로 옮겨라!

어느 때까지 둘 사이에서 머뭇머뭇 하려느냐 여호와가 만일 하나님이면 그를 따르고 바알이 만일 하나님이면 그를 따를지니라
열왕기상 18장 21절

✱
아이들아 내가 너희에게 쓴 것은 너희가 아버지를 알았음이요 아비들아 내가 너희에게 쓴 것
은 너희가 태초부터 계신 이를 알았음이요 청년들아 내가 너희에게 쓴 것은 너희가 강하고
하나님의 말씀이 너희 안에 거하시며 너희가 흉악한 자를 이기었음이라 이 세상이나 세상에
있는 것들을 사랑하지 말라 누구든지 세상을 사랑하면 아버지의 사랑이 그 안에 있지 아니하
니 이는 세상에 있는 모든 것이 육신의 정욕과 안목의 정욕과 이생의 자랑이니 다 아버지께
로부터 온 것이 아니요 세상으로부터 온 것이라 이 세상도, 그 정욕도 지나가되 오직 하나님
의 뜻을 행하는 자는 영원히 거하느니라 **요일 2:14-17**

세상과 벗하면
하나님과 원수가 된다

하나님의 원수가 되려는가?

그리스도의 참 제자들은 세상을 포기하고 단념할 것이다. 세상과 세상에 있는 것들을 사랑하는 일이 하나님과 우리 사이를 공공연히 갈라놓기 때문이다. 우리가 세상과 사랑 혹은 우정 관계를 맺고 있다면 우리는 하나님의 원수들이다. 당신이 하나님의 원수가 되려 한다면 세상에 애착을 갖는 죄 말고 다른 죄는 지을 필요가 없다. 그 죄 하나만으로도 하나님의 원수가 되기 때문이다.

예수님은 세상과 그리스도의 제자들이 서로 충돌하고, 세상이 그리스도의 제자들을 미워할 것이라고 말씀하셨다(요

15:18,19). 그리스도의 제자이면서 동시에 세상의 제자가 될 수는 없다. 우리가 그리스도의 부르심과 만지심과 선택하심을 받아들이고 순종할 때, 세상의 증오를 사는 근원이 되기 때문이다.

예수님은 자신을 따르는 이들에게 세상이 적의를 품으리라고 단언하셨다.

> 내가 아버지의 말씀을 그들에게 주었사오매 세상이 그들을 미워하였사오니 이는 내가 세상에 속하지 아니함같이 그들도 세상에 속하지 아니함으로 인함이니이다 요 17:14

예수님은 대제사장으로서 드린 이 기도에서, 세상과 확실하고 영원한 분리와 충돌에 대해 "내가 세상에 속하지 아니함같이 그들도 세상에 속하지 아니함으로 인함이니이다"라고 분명히 선언하셨다. 그리스도를 따르는 사람들은 그리스도와의 관계로 인해 세상으로부터 분리되며 세상과 충돌한다.

세상을 사랑하지 말라

성경에는 세상과 그리스도의 제자들 간에 일어나는 충돌을 보여주는 대표적인 두 인물이 있다. 바로 아담과 두 번째 아담이라 불리는 예수님이다. 성경은 두 인물의 관계와 본성의 차이를 매우 명확하게 선포한다.

> 첫 사람은 땅에서 났으니 흙에 속한 자이거니와 둘째 사람은 하늘에서 나셨느니라 무릇 흙에 속한 자들은 저 흙에 속한 자와 같고 무릇 하늘에 속한 자들은 저 하늘에 속한 이와 같으니 우리가 흙에 속한 자의 형상을 입은 것같이 또한 하늘에 속한 이의 형상을 입으리라 고전 15:47-49

성경은 그리스도를 따르는 자들이 세상에 반대해야 한다고 강력하게 주장하고 요구한다. 세상을 사랑하는 것은 하나님의 사랑을 대적하는 것이요 파괴하는 것이다. 이 둘은 결코 공존할 수 없다.

> 간음한 여인들아 세상과 벗된 것이 하나님과 원수 됨을

이보다 더 명시적이고 명령적이고 권위적이고 엄격한 말씀은 없다. 세상을 사랑하지 말라! 세상을 사랑하는 것보다 하나님을 더 진노하게 만드는 것은 없다. 세상을 사랑하는 것보다 더 가증스러운 것은 없다. 이보다 더 죄스러운 것은 없다. 세상을 사랑하는 것은 우리 영혼과 하나님과의 성결한 관계를 교란시킨다. 영적으로 간음한 사람들의 정결함이 죽는 대신 수치와 불법적인 교제가 살아 움직이게 된다. 세상과 벗이 되는 것은 하늘을 거스르는 가장 악한 죄요 하나님의 가장 큰 원수가 되는 것이다.

'세상'은 우리가 천국으로 가는 길에 반드시 싸워 이겨야 하는 원수이다.

기는 승리는 이것이니 우리의 믿음이니라 예수께서 하나
님의 아들이심을 믿는 자가 아니면 세상을 이기는 자가
누구냐 요일 5:3-5

성경은 복음을 세상 정욕을 부정하는 교육 과정이 있는 훈
련소로 증거한다.

모든 사람에게 구원을 주시는 하나님의 은혜가 나타나 우
리를 양육하시되 경건하지 않은 것과 이 세상 정욕을 다
버리고 신중함과 의로움과 경건함으로 이 세상에 살고 복
스러운 소망과 우리의 크신 하나님 구주 예수 그리스도의
영광이 나타나심을 기다리게 하셨으니 그가 우리를 대신
하여 자신을 주심은 모든 불법에서 우리를 속량하시고 우
리를 깨끗하게 하사 선한 일을 열심히 하는 자기 백성이
되게 하려 하심이라 딛 2:11-14

세상에는 그리스도의 구원을 치명적인 원수로 만드는 무엇,
우리가 천국에 들어가지 못하게 막는 무엇이 있다.

세상의 정체

그렇다면 우리를 천국에서 격리시키고 우리로 하여금 하나님과 대적하게 만드는 이 '세상'은 무엇인가? 세상과 벗이 되면 우리가 하나님과 맺은 혼인서약을 위반하게 되는 이유가 무엇인가? 세상을 사랑하는 것이 하나님을 대적하는 것이고 가장 가증스러운 죄인 까닭이 무엇인가?

사도 요한은 이렇게 말한다.

> 이 세상이나 세상에 있는 것들을 사랑하지 말라 누구든지 세상을 사랑하면 아버지의 사랑이 그 안에 있지 아니하니 이는 세상에 있는 모든 것이 육신의 정욕과 안목의 정욕과 이생의 자랑이니 다 아버지께로부터 온 것이 아니요 세상으로부터 온 것이라 요일 2:15,16

"육신의 정욕과 안목의 정욕과 이생의 자랑"은 또 무엇인가? 세상은 하나님과 격리된 인간들, 즉 그리스도의 일과 뜻을 거스르는 인간 집단을 포함한다. 세상은 세속적인 관심사, 땅에 속한 것, 재물, 쾌락과 천박하고 나약하고 덧없는 것들의 추구와 관련한다. 이런 것들은 우리의 정욕을 불러일으키고 우리가 하나님으로부터 멀어지게 하고, 그리스도의 뜻과 일을 훼방한다. 하늘과 땅의 분리된 관계, 하나님과 피조물의 분리된 관계가 '세상'이라는 단어 안에서 그 모습을 드러낸다. '욕구'desire라는 단어에는 "정욕"lust이라는 뜻이 있다. 그것은 오늘의 세상이 자연적인 욕망과 욕구의 자리를 지배하는 격렬한 정욕의 세상임을 나타낸다.

요한일서 2장 16절 말씀에 대해 성경주석가 알포드Henry Alford는 이렇게 말했다.

처음에 세상은 아담 안에 조성되었다. 그때 세상은 하나님을 기쁘게 했고 하나님께 순종했다. 그것은 인간의 세상이었으며 인간으로 요약되었다. 그러나 세상은 인간 안에서 자아 추구의 암흑에 떨어지고 말았다. 인간은 영적으로 물질화되었고 결국 타락하여 세속적, 감각적이 되고 말았다. 이 세상은 하나님으로부터 타락한 인간의 세상이다. 그러므로 육신의 정욕은 하나님과 반대되는 인간의 본성이고, 안목의 정욕은 물질적인 것들을 주목하고 그것들에 의해 활활 타오르는 감각이다. 이생의 자랑은 자기 자랑을 늘어놓고 허세를 부리는 세속적인 사람들의 방식이다.

성경주석가 벵겔Bengel은 이 말씀에 대해 이렇게 말했다.

육신의 정욕은 향락과 풍미와 접촉의 감각을 사육하는 것을 의미한다. 안목의 정욕은 눈과 시각, 청각, 후각, 느낌 등 '조사하는 감각'을 점령하는 것들을 의미한다. 이생의 자랑은 말이나 행동으로 자신을 지나치게 뽐내는 것을 의미한다. 오만한 것을 좋아하지 않는 사람들조차 안목의 정욕을 추구할 수 있다. 그리고 안목의 정욕을 제압한 사람들조차도 흔히 육신의 정욕이 남아 있곤 한다. 이 문제는 가난한 사람들과 중산층과 권력자들을 막론한 모든 인간에게 만연하다. 심지어 자아부정을 실현하는 것처럼 보이는 사람들에게서도 이런 문제가 발견된다.

또한 존 웨슬리John Wesley는 이 말씀에 대해 이와 같이 말했다.

육신의 정욕은 맛이든 냄새든 접촉이든 외부 감각에서 비롯된 쾌락을 의미한다. 안목의 정욕은 우리 눈이 비굴하게 아첨하는 상상의 쾌락을 말한다. 그것은 거창하고 새롭고 아름다운 것을 좋아하는 우리의 내적 감각이다. 이생의 자랑은 우리가 다른 이들의 우러름을 받기 위해 사용하는 모든 것을 의미한다. 고급스러운 옷, 호화스러운 집과 가구, 사치스러운 생활 방식 등 우리의 교만과 허영을 채워주는 모든 것이 여기 속한다. 그러므로 이생의 자랑은 칭찬받으려는 욕구와 상당한 탐욕을 포함한다. 이 모든 욕구들은 하나님으로부터 온 것이 아니라 이 세상 임금에게서 온 것이다.

세상이 천국을 대적하는 이유

이 세상은 천국에 대항해 자신과 자신의 모든 힘을 배열한다. 세속성은 인간에게 널리 퍼져 있는 천국의 원수이다. 이 세상을 위해 살면 천국과 대립하는 힘에 끌려갈 수밖에 없어서 천국을 잃게 된다.

하나님의 아들 예수 그리스도께서는 제자들을 가리켜 "세상 중에서 내게 주신 사람들"(요 17:6)이라고 선포하실 뿐 아니라 그것을 매우 중요한 사실로 하나님께 거듭 말씀드린다.

> 내가 세상에 속하지 아니함같이 그들도 세상에 속하지 아
> 니하였사옵나이다 요 17:16

　예수 그리스도의 참 제자들이 세상에 속한 자들이 아니라 세상 중에서 택함을 입은 사람들이요, 세상을 버린 사람들이요, 세상에 대해 십자가에 못 박힌 사람들이라는 것은 오늘날에도 변하지 않는 진리이다.

　이 세상에 치명적인 매력을 부여하는 것이 무엇일까? 이 세상이 지닌 매력을 치명적으로 만드는 것이 무엇일까? 때로는 세상의 매력이 완전히 시들고, 화려함이 캄캄한 밤처럼 무색해지고, 소망이 절망으로 변하고, 기쁨이 쓰디쓴 고뇌가 되고, 가능성은 산산이 부서져 황폐해지기도 한다. 그런데도 세상은 여전히 매력을 뽐내며 우리를 꽁꽁 결박한다. 우리는 세상을 버리고 싶어 하지 않는다. 그렇다면 우리의 생사를 좌우하는 이 세상의 마력, 그 치명적인 덫의 근원은 무엇일까? 하나님에 대한 세상의 악독한 증오, 하나님을 향해 세상이 품은 적

대감의 원천은 무엇일까? 무엇 때문에 세상이 하나님으로부터 분리된 것일까?

그것은 바로 이 세상이 마귀의 세상이기 때문이다. 마귀는 그 옛날 인간이 하나님께 충성하고 헌신하는 자리에서 떨어지던 운명의 순간에 세상을 장악하고 세상과 함께 하나님께 반역했다. 당시에는 인간이 세상의 통치자였는데 세상이 그 통치자와 함께 타락하고 만 것이다. 세상이 천국에 사악하게 대항할 뿐 아니라 천국을 강렬하게 반대하는 까닭이 바로 이 때문이다. 마귀는 여기 이 세상에 자신의 나라를 세웠다. 이 세상은 마귀의 영지領地이다. 그래서 마귀는 천국의 경쟁자로서 이 세상에 온갖 아름다운 옷을 입히고 유혹적인 힘을 부여한다.

천국의 세 원수는 세상과 육신과 마귀이다. 그중에서 세상이 가장 강력한 힘과 매력을 가지고 있다. 이 세 원수는 '악'을 축으로 움직이는데, 마귀가 다른 두 가지를 분발시키며 활활 타오르게 하기 때문이다. 우리의 육신은 우리의 영에 대항한다. 그 이유는 단 하나, 마귀가 정욕을 부채질하기 때문이다. 세상은 치명적이고 매력적인 덫을 마귀에게 얻는다. 세상은 마귀의 동맹군일 뿐 아니라 마귀의 도구이며 꼭두각시이다.

세상은 마귀에게 가장 완벽하게 맹종하고 충성하며 마귀를 대표한다.

세상을 이기기 위한 방도

앞서 인용한 요한일서의 말씀, 즉 "이 세상이나 세상에 있는 것들을 사랑하지 말라"(요일 2:15)라는 말씀의 의미를 온전히 깨달으려면 그 앞의 구절을 제대로 묵상해야 한다.

> 아비들아 내가 너희에게 쓰는 것은 너희가 태초부터 계신 이를 알았음이요 청년들아 내가 너희에게 쓰는 것은 너희가 악한 자를 이기었음이라 아이들아 내가 너희에게 쓴 것은 너희가 아버지를 알았음이요 아비들아 내가 너희에게 쓴 것은 너희가 태초부터 계신 이를 알았음이요 청년들아 내가 너희에게 쓴 것은 너희가 강하고 하나님 말씀이 너희 안에 거하시며 너희가 흉악한 자를 이기었음이라
>
> 요일 2:13,14

흉악한 자를 이기려면 세상과 세상을 사랑하는 것과 세상에

속한 것들을 버려야 한다. 흔히 교회의 입구에는 모든 신실한 영혼과 그리스도의 진실한 혼인에 관한 다음과 같은 말이 기록되어 있다.

당신은 마귀와 마귀의 모든 일과 세상의 헛된 자랑과 모든 영광과 탐욕스러운 정욕과 육신의 쾌락적 욕망을 따르지 않거나 그런 것들에 이끌리지 않기 위해 모든 것을 버리겠습니까?

이에 한 성도가 "저는 그 모든 것을 버리겠습니다!"라고 엄숙하게 대답하면 설교자와 다른 성도들의 심령이 기쁘게 "아멘!"으로 화답한다. 그렇다! 예나 지금이나 영원토록 이 질문에 아멘으로 화답해야 마땅하다! 그리스도를 따르는 모든 제자들은 세상을 버려야 한다. 그리고 그것은 사탄을 버리는 것을 뜻한다. 이는 사탄의 통치에 가장 치명적인 타격을 입히는 것이다.

세상과 벗이 되는 것은 우리가 천국과 맺은 혼인서약을 파기하는 것이다. 야고보 사도는 세상을 통렬히 규탄하면서 죄의 세상에 다가갔다. 그는 세상의 친구가 되는 것이 하나님의 원수가 되는 것이라고 분명히 선포했다(약 4:4). 이 말씀의 뜻을 제대로 깨달으려면, 야고보 사도가 세상의 벗이 되는 것이 "땅 위의 것이요 정욕의 것이요 귀신의 것"(약 3:15)인 마귀의 신앙을 갖는 것이라고 선포했다는 것을 알아야 한다. 우리는 오직 세상의 벗이 되는 것을 버림으로써, 우리의 손과 심령에서 세상에 의해 더럽혀진 흔적들을 깨끗하게 지움으로써 하나님께 돌아갈 수 있다. 우리는 마귀를 거부함으로써 하나님께 더욱 가까이 가고 우리가 세상을 버림으로써 마귀를 거부한다.

가짜 신앙

야고보 사도는 가짜 신앙의 명확한 특징들을 간략히 요약했다. 격정, 욕심, 쾌락의 군림, 싸움 등이 그것들이다(약 4:1-3 참조). 이러한 격정의 가짜 신앙, 쾌락의 가짜 신앙, 세상의 가짜 신앙이 오늘의 교회 안에 얼마나 많은지! 교회의 역사가 격정과 분쟁과 야심과 유혈로 얼룩진 역사가 되는 일이 얼마나 잦은지! 교회의 총회가 방종하고 파괴적인 난투극이 벌어지는 전장이 되는 일은 또 얼마나 많은지! 땅 위의 것들, 정욕의 것들, 귀신의 것들이 교회의 역사를 표시하고 망쳐놓는, 하나님의 이름을 더럽히는 낙인이 되는 일이 얼마나 자주 일어나는지 모른다!

오늘날 교회에 등록하고 예배를 드리는 이들 가운데 실로 많은 이들이 세상의 친구 노릇을 하고 있다. 그들은 세상을 사랑하고 세상을 옹호하는 이들이다. 그들은 그저 기도를 빼먹지 않으려고 의무감으로 기도한다. 그들은 하나님께 더 가까이 나아가지 않으며, 마귀와 싸우지 않으며, 일상에서 마귀를 몰아내지도 않는다. 그들의 신앙과 의식과 예배는 위에서부터 내려온 것이 아니라 땅 위의 것이요, 자연적인 것이요, 귀신의 것에 지나지 않는다.

'하나님께 복종하고 마귀를 대적하는 것'(약 4:7 참조)이 세상에 속하지 않은 참된 신앙의 지표이다. '인격적인 하나님'과 '인격적인 마귀', 이 둘은 참된 신앙의 체험과 신조信條를 이루는 가장 중요한 항목이다. 그러니 하나님께 복종하라! 하나님께 가까이 가라! 하나님과 친밀하게 교제하며 살라! 마귀를 대적하라! 그리고 세상을 거부하고 버림으로써 마귀를 제거하라!

세상의 주관자

하나님께서는 세상의 진로와 유행과 풍조에 대해 경고하신다. 마귀가 세상의 진로를 정하고 있기 때문이다. 마귀는 세상의 풍조를 만들어내며 세상의 유행 양식을 재단한다.

> 그는 허물과 죄로 죽었던 너희를 살리셨도다 그때에 너희는 그 가운데서 행하여 이 세상 풍조를 따르고 공중의 권세 잡은 자를 따랐으니 곧 지금 불순종의 아들들 가운데서 역사하는 영이라 전에는 우리도 다 그 가운데서 우리 육체의 욕심을 따라 지내며 육체와 마음의 원하는 것을 하여 다른 이들과 같이 본질상 진노의 자녀이었더니
>
> 엡 2:1-3

세상이 닿으면 죄로 오염된다. 세상이 닿는 곳에 사탄의 손이 있기 때문이다. 세상은 치명적인 것들과 천국을 막는 것들을 열망한다. 사탄이 그 욕구에 불을 붙이기 때문이다. 세상과 세상의 것들은 그리스도인들의 영적 전쟁에 들여놓으면 안 되는 금지 품목이다. 사탄이 세상을 다스리는 통치자이자 세

상사를 관장하는 관리자이기 때문이다.

에베소서는 사탄과 그의 군대를 "이 어둠의 세상 주관자들"이라 일컫는다.

> 마귀의 간계를 능히 대적하기 위하여 하나님의 전신갑주를 입으라 우리의 씨름은 혈과 육을 상대하는 것이 아니요 통치자들과 권세자들과 이 어둠의 세상 주관자들과 하늘에 있는 악의 영들을 상대함이라 엡 6:11,12

세상 주관자들은 사탄의 지휘 아래 있는 통치자들과 권세자들이다. 그들은 이 세상을 지배하는 힘을 다스림으로써 이 세상을 통치한다.

세상을 다스리는 강력한 힘

사탄은 이 세상의 강력한 힘을 장악하고 지휘한다. 그 가운데 하나가 전쟁이다. '전쟁'은 사탄에 의해 장악되고, 더는 자유를 위한 애국지사의 투쟁도, 조국과 집을 지키기 위한 방어도 아니다. 그저 사탄의 횡포 수단일 뿐이다. 전쟁은 자유를 궤멸하며 자유민을 노예로 만든다. 전쟁은 탐욕, 강간, 잔혹, 파괴, 죽음의 군사 작전을 수행할 뿐이다.

'돈'은 세상을 다스리는 또 다른 힘이다. 세상을 더 아름답게 만들기 위해, 다가올 때를 대비해 선한 기초를 닦기 위해 돈을 쓸 수도 있다. 돈은 가난한 사람들의 짐을 덜어주고, 이 땅에서 가난을 추방하고, 과부와 고아의 가정을 밝히기 위해 사용되어야 마땅하다. 그러나 오늘날 돈은 강력한 권력을 휘두르며 세상을 지배하고 있다. 마귀가 돈을 지배해 돈의 흐름이 사랑의 명령을 따라 흐르지 않고 인간의 이기적이고 거룩하지 않은 목적을 위해 사용되었기 때문이다. 마귀는 사람들을 자극해 탐욕을 향해 내달리게 만들며 사람들의 마음을 굳게 하여 무감각의 상태에 이르게 한다. 돈을 많이 벌고 많이 가진 사람들은 세상의 기준에 의해 모범이 되고 존경의 대상이 된다.

'교육' 또한 세상을 다스리는 강력한 힘의 하나이다. 사탄이 교육에 쇠사슬을 칭칭 동이면 그것은 교만과 경건하지 않은 힘의 원천이 되고 만다. 사탄이 교육을 지배할 때 그 강력한 엔진은 '고등비평'(18,19세기에 성행한 자유주의 성경비평양식)이라는 결과를 낳는다. 교육은 '그리스도인들을 학습시킨다!'라는 미명 아래 하나님의 말씀을 믿는 믿음을 휘젓고 또 하나님의 전殿에 회의주의의 문을 활짝 열어젖힘으로써 사탄의 가장 든든한 동맹군이 된다.

에베소서 기자는 마귀를 "공중의 권세 잡은 자"(엡 2:2)라고 일컫는다. 세상의 자연적인 힘은 마귀의 위험한 통제 아래 놓여 있다. 하나님의 교회를 위협하는 파괴적인 태풍과 회오리바람은 마귀에게서 비롯되는 것이다.

원수는 육신과 마음을 사로잡는다

그는 허물과 죄로 죽었던 너희를 살리셨도다 그때에 너희는 그 가운데서 행하여 이 세상 풍조를 따르고 공중의 권세 잡은 자를 따랐으니 곧 지금 불순종의 아들들 가운데서 역사하는 영이라 전에는 우리도 다 그 가운데서 우리 육체의 욕심을 따라 지내며 육체와 마음의 원하는 것을 하여 다른 이들과 같이 본질상 진노의 자녀이었더니

엡 2:1-3

바울은 이 구절에서 자신과 성도들에 대해 말한다. 그들은 전에 사탄의 나라에 살았다. 전에는 사탄이 육신의 정욕으로 그들을 다스렸고, 우리의 육신과 마음이 원하는 것을 마음대로 했다.

우리는 이 구절에서 사탄이 세상을 어떻게 두루 통치하는지 살펴볼 수 있다. 사탄은 "이 세상의 신"(고후 4:4)으로서 세상의 모든 욕심을 불러일으킨다. 사탄은 육체의 욕구를 따라 낮은 욕심을 일으키기도 하고 마음의 욕구를 따라 높은 욕심을 불러일으키기도 한다.

세상은 세속적으로 고상한 것들을 추구하고 세련된 것들을 풍미하는 인간의 마음을 격정과 굴레로 가득 채운다. 그러나 그 마음은 전적으로 사탄에게서 나온 것이다. "육신의 정욕과 안목의 정욕과 이생의 자랑"(요일 2:16)이 다 세상에 속한 것이요 사탄이 바로 그것들을 일으키는 자이기 때문이다. 욕심이 잉태한즉 죄를 낳고 죄가 장성한즉 사망을 낳는다(약 1:15).

하나님께로부터 난 자는 다 범죄하지 아니하는 줄을 우리가 아노라 하나님께로부터 나신 자가 그를 지키시매

악한 자가 그를 만지지도 못하느니라 또 아는 것은 우리
는 하나님께 속하고 온 세상은 악한 자 안에 처한 것이며
요일 5:18,19

"온 세상은 '악한 자'(마귀) 안에 처한 것"이라는 구절은 세상
이 마귀의 권세 안에 있고, 마귀에게 종속되어 있으며, 그 상태
로 고착되었다는 것을 의미한다. 성경에서 마귀는 회개를 체
험한 선한 사람의 마음에 남아 있을 수도 있는 정욕에 불을 붙
이기 위해 애쓰는 자로 묘사될 뿐 아니라 자신의 두 팔 안에 세
상을 껴안고 있는 자로서, 그리고 세상을 자신의 능력 아래 굴
복시키고 자신의 절대적인 통제에 굴종시키는 자로 묘사된다.

마귀의 천국

세상은 많은 문(門)을 통해 오기도 하고 여러 모습을 하고 우
리에게 오기도 한다. 그러나 세상이 어떤 문으로 들어오고 어
떤 형태를 취하든지 세상은 마귀의 종일뿐이다. 세상은 마귀
의 충성된 종으로서 마귀의 일을 수행하기 위해 우리 앞에 모
습을 드러낸다. 그러므로 우리는 세상이 가장 유혹적이고 아

름다운 옷을 입고 모습을 드러낼 때, 그 옷이 마귀가 해준 옷이며 세상이 우리 앞에 등장한 것 또한 마귀의 명을 따른 것이라는 사실을 기억해야 한다.

이 세상은 마귀의 천국이다. 세상의 안식, 면류관, 상급은 지금 여기에 있다. 세상이 우리 앞에 모습을 드러내면 하나님의 천국은 사라진다. 하나님의 천국은 우리의 눈과 마음으로부터 희미해진다. 이때 하나님의 천국을 얻으려는 우리의 분투는 끝이 나고, 불변하고 영원한 영광이 있는 하나님의 천국은 행방불명이 되어버린다.

우리는 세상과 마귀에 관한 성경의 진술 속에서 이 세상이 하나님의 천국을 반대하는 이유를 알 수 있다. 우리는 그 둘 사이의 반목을 깨달을 수 있다. 하나님의 천국은 그리스도의 장소요, 그리스도께서 계시는 곳이자 하나님께서 우리가 들어오기를 원하시는 장소이다. 반면 세상은 마귀의 장소이다. 마귀의 권세는 이 세상에 있다. 그러므로 우리의 마음을 세상에 고정하는 것은 마귀에게 충성하는 것이요, 우리의 마음을 하나님의 천국에 고정하는 것은 그리스도께 충성하는 것이다.

또한 우리는 세상이 그토록 잔혹하게 예수님을 미워하는

까닭이 무엇인지, 세상이 그리스도를 따르는 자들을 그토록 혹독하게 핍박하는 이유가 무엇인지 알 수 있다. 우리는 왜 "육체의 소욕은 성령을 거스르고 성령은 육체를 거스르는지"(갈 5:17) 깨닫는다. 우리는 이 둘이 서로 대조될 뿐 아니라 치열하게 싸우는 이유가 무엇인지 알게 된다. 마귀는 육체 안에 있으며 육체를 다스린다. 반면에 그리스도는 성령 안에 계신다. 이 세상은 그리스도에게서 벗어나며, 그리스도의 불굴의 원수이다.

그리스도의 일이 세상을 얻고 그 힘으로 뜻을 이루는 것이었다는 사실은 이 중대한 진리를 예증하고 강화한다. 그러나 그리스도께서는 이 세상에 속하지 않은 천국을 세우신다. 그리스도는 새로운 권세를 시작하고, 새로운 나라를 세우고, 새로운 세상을 만드신다. 사망을 다루던 마귀의 손에 얼룩과 잔해들이 말끔히 제거되기 전에, 아름답지만 부패한 이 세상이 하나님의 거룩하신 뜻을 이룰 채비를 갖추기 전에 새 하늘과 새 땅을 만드는 데 심판의 불과 새로운 창조 능력이 필요할 것이다.

그리스도인은 세상에 대한 충질을 버리라는 명을 빋은 사람들이다. 예수 그리스도와의 인격적인 관계를 맺고 세상의 치명적인 포옹으로부터 끌어올려진 사람이다. 그리고 그리스도인과 예수 그리스도와의 관계로 인해 죄를 오염시키는 세상의 마력은 파괴된다. 세상이 마귀에게 완전히 종속되어 있기 때문에 예수 그리스도를 격렬하게 증오한다. 또한 우리는 마귀의 권세 아래 놓인 세상이 그리스도의 뜻과 일을 파괴하기 위해 온 힘을 결집해 무장한 이유를 알 수 있다. 세상은 참된 그리스도 신앙을 항상 반대하고 미워했다. 그러나 그 미소는 때때로 증오보다 더 치명적이다.

01 세상을 사랑하는 것은 하나님과 원수가 되는 것이다.

성경은 그리스도를 따르는 자들이 세상에 반대해야 한다고 강력하게 주
장한다. 세상을 사랑하는 일이 하나님과 우리 사이를 공공연히 갈라놓기
때문이다. 우리가 세상과 친밀하게 교제하고 있다면, 우리는 하나님의 원
수들이다. 당신이 하나님의 원수가 되려 한다면, 세상에 애착을 갖는 죄
말고 다른 죄는 지을 필요가 없다. 그 죄 하나만으로도 하나님의 원수가
되기 때문이다. 세상을 사랑하는 것은 하나님의 사랑을 대적하는 것이다.

02 원수는 이 세상 힘을 결집한다.

하나님께서는 세상의 진로와 유행과 풍조에 대해 경고하신다. 원수가 세
상의 진로를 정하기 때문이다. 마귀는 세상의 풍조를 만들어내며 세상의
유행 양식을 재단한다. 세상이 닿으면 죄로 오염된다. 세상이 닿는 곳에
사탄의 손이 있기 때문이다. 세상은 치명적인 것들과 천국을 막는 것들을
열망한다. 사탄은 그 욕구에 불을 붙인다.

03 세상의 아름다움에 미혹되지 말라.

세상은 많은 문門을 통해 오기도 하고 여러 모습을 하고 우리에게 오기도
한다. 그러나 세상이 어떤 문으로 들어오고 어떤 형태를 취하든지 세상은
마귀의 종일뿐이다. 세상은 마귀의 충성된 종으로서 마귀의 일을 수행하
기 위해 우리 앞에 모습을 드러낸다. 그러므로 우리는 세상이 가장 유혹
적이고 아름다운 옷을 입고 모습을 드러낼 때, 배후에 원수가 있다는 사실
을 기억해야 한다.

누구든지 세상과 벗이 되고자 하는 자는
스스로 하나님과 원수되는 것이니라
야고보서 4장 4절

하루는 하나님의 아들들이 와서 여호와 앞에 섰고 사탄도 그들 가운데에 온지라 여호와께서 사탄에게 이르시되 네가 어디서 왔느냐 사탄이 여호와께 대답하여 이르되 땅을 두루 돌아 여기저기 다녀왔나이다 여호와께서 사탄에게 이르시되 네가 내 종 욥을 주의하여 보았느냐 그와 같이 온전하고 정직하여 하나님을 경외하며 악에서 떠난 자는 세상에 없느니라 사탄이 여호와께 대답하여 이르되 욥이 어찌 까닭 없이 하나님을 경외하리이까 주께서 그와 그의 집과 그의 모든 소유물을 울타리로 두르심 때문이 아니니이까 주께서 그의 손으로 하는 바를 복되게 하사 그의 소유물이 땅에 넘치게 하셨음이니이다 이제 주의 손을 펴서 그의 모든 소유물을 치소서 그리하시면 틀림없이 주를 향하여 욕하지 않겠나이까 여호와께서 사탄에게 이르시되 내가 그의 소유물을 다 네 손에 맡기노라 다만 그의 몸에는 네 손을 대지 말지니라 사탄이 곧 여호와 앞에서 물러가니라 욥 1:6-12

원수의 능력을 압도하는
주님의 약속을 붙들라

원수를 압도하는 그리스도의 권세

우리는 앞에서 예수님이 마귀의 능력을 최소화하지 않고 세상 임금으로서의 마귀의 권세를 최대한 높인 것을 살펴보았다. 마귀는 그리스도의 생애 중요 사건에서 주님이 염두에 두신 악한 행위자였으며, 그리스도께서 반대하셨던 악의 통치자였다. 그리고 우리는 우리 주님께서 요단강에서 세례를 받으신 후 마귀가 얼마나 재빨리 주님을 따라왔는지도 살펴보았다. 사탄은 예수님이 성령으로 기름부음을 받고 공생애 사역을 시작하시자마자 예수님을 찾아왔다.

예수님이 제자들에게 첫 임무를 주셨을 때, 귀신을 쫓아내는 임무도 주셨다(마 10:8). 후에 예수님은 70명의 제자들을 각 마을로 보내 사역하게 하셨다. 그리고 그들이 돌아와 자기들이 행한 일을 그리스도께 보고했을 때, 그들은 진정 놀라고 감사하며 "주여 주의 이름이면 귀신들도 우리에게 항복하더이다"(눅 10:17)라고 말했다. 이에 예수님은 "사탄이 하늘로부터 번개같이 떨어지는 것을 내가 보았노라"(눅 10:18)라고 대답하셨다. 또한 예수께서 제자들이 보혜사 성령을 받아들이도록 그들의 마음을 활짝 열어주셨을 때 성령께서 이렇게 선포하셨다.

> 그(성령)가 와서 죄에 대하여, 의에 대하여, 심판에 대하여 세상을 책망하시리라 … 심판에 대하여라 함은 이 세상 임금이 심판을 받았음이라 요 16:8,11

예수님은 격렬한 감정폭발의 한순간, 곧 십자가의 고통이 긴박해진 순간에 "지금 내 마음이 괴로우니"(요 12:27)라고 소리치셨다. 그러나 한줄기 밝은 빛이 곧 고뇌의 어둠을 걷어냈다. 예수님은 십자가 능력으로 마귀의 나라가 궤멸하는 것과 마귀가 폐위되어 쫓겨나는 것을 그 빛 안에서 보셨다.

> 이제 이 세상에 대한 심판이 이르렀으니 이 세상의 임금
> 이 쫓겨나리라 내가 땅에서 들리면 모든 사람을 내게로
> 이끌겠노라 요 12:31,32

인간을 압도하는 마귀의 능력

그러나 어둠이 더 깊어지고 마음의 고통이 더욱 격렬해졌을
때 예수님은 어둠의 권세를 주관하는 자의 형체가 다가오는
것을 보셨다. 하나님의 아들은 이 무자비하고 잔혹한 원수 앞
에서 조용히 침묵하셨다. 다만 슬픔과 두려움에 짓눌린 제자
들에게 이렇게 말씀하셨다.

> 이 후에는 내가 너희와 말을 많이 하지 아니하리니 이 세
> 상의 임금이 오겠음이라 그러나 그는 내게 관계할 것이
> 없으니 요 14:30

마귀가 인간에게 강력한 영향력을 행사한다는 사실은 택함
받은 예수님의 제자들 안에서도 목격할 수 있다. 수제자 베드
로는 마귀에게 일격을 당해 비틀거렸고, 그리스도께서는 베

드로가 자신을 부인하리라는 것을 미리 예견하셨다(눅 22:31-34).

예수님은 마귀가 이 혼란스러운 상황 속에서 엄청난 능력과 권세를 가진 것을 인정하시고 이렇게 선포하셨다.

> 이제 이 세상에 대한 심판이 이르렀으니 이 세상의 임금
> 이 쫓겨나리라 요 12:31

아! 사탄이 얼마나 방자한지! 사탄은 무모한 용기로, 때때로 성공을 거둔 용기로 완고하게 그리스도께 대항했다. 사탄은 그리스도께 선택 받은 열두 제자 속에 들어갔다. 그 가운데 회계 담당으로 신임을 받고 있던 한 사람, 곧 그들의 돈과 기금을 관리하는 임무를 맡은 한 사람에게 들어갔다.

열두 제자 가운데 또 다른 한 사람은 사탄에게 홀려 사탄의 악랄한 계략을 가장 위선적이고 옳지 않은 방식으로 수행하도록 조종당했다. 사탄은 그리스도의 이름에 치욕을 안겨줄 명단에 베드로를 올리기 위해 베드로에게 아주 가까이 접근했다. 베드로가 예수님을 비열하게 부인하고 거짓말까지 한 행동에 사탄이 매우 밀접한 관련이 있다는 점은 명백하다. 그

리스도의 말씀이 이를 분명하게 입증한다.

> 시몬아, 시몬아, 보라 사탄이 너희를 밀 까부르듯 하려고
> 요구하였으나 그러나 내가 너를 위하여 네 믿음이 떨어지
> 지 않기를 기도하였노니 너는 돌이킨 후에 네 형제를 굳
> 게 하라 그가 말하되 주여 내가 주와 함께 옥에도, 죽는
> 데에도 가기를 각오하였나이다 이르시되 베드로야 내가
> 네게 말하노니 오늘 닭 울기 전에 네가 세 번 나를 모른다
> 고 부인하리라 하시니라 눅 22:31-34

그리스도께서는 씨 뿌리는 자의 비유에서 사탄이 하나님의
말씀을 무효로 만들기 위해 행사하는 영향력이 우리 눈에는
보이지 않지만, 매우 강력하다고 말씀하셨다. 마태가 기록한
이 비유에서 사탄은 "악한 자"(마 13:19)로 명명되었다. 이것은
사탄의 인격에 관한 진술이자 사탄의 사악함에 집중한 진술
이다. 사탄은 악독한 증오심으로 우리에게서 말씀의 씨앗을
낚아챈다.

길가에 있다는 것은 말씀을 들은 자니 이에 마귀가 가서 그들이 믿어 구원을 얻지 못하게 하려고 말씀을 그 마음에서 빼앗는 것이요 눅 8:12

사탄은 좋은 씨앗을 빼앗는 파괴자이다. 사탄의 힘은 실로 강하다. 구원을 막으려는 사탄이 강력하게 인간의 마음에 영향을 끼치는 탓에, 변치 않고 영원한 하나님의 말씀이 훼방을 받는다.

인간의 내면까지 미치는 원수의 능력

우리는 욥기에서 스바 사람들과 갈대아 사람들이 욥의 가축을 급습하라는 사탄의 제안에 즉시 반응한 것을 볼 수 있다. 이처럼 사탄은 인간에게 외적인 영향력을 행사하는 데 그치지 않는다. 사탄의 능력은 직접적이고 강력해서 인간의 내면까지 미친다. 게다가 사탄의 사악한 제안은 때때로 신성해 보이기까지 한다. 사탄의 제안은 우리의 열정이나 원칙을 자극해서 우리가 잘못 행한 바를 뒤늦게 깨닫게 한다. 사탄의 제안을 따라 이스라엘의 인구를 계수했던 다윗을 생각해보라.

사탄의 능력은 실로 강력해서 사탄의 유혹을 거부할 수 있는 경건한 사람이라도 얼마간 사탄의 능력 아래 놓일 수 있다. 예수님에게 책망을 받지 않은 서머나교회 교인들이 대표적이다. 사탄은 그들의 관심을 빼앗거나 그리스도에 대한 충절을 훼방할 수는 없었지만, 그들을 자기 능력 아래 두고 얼마 동안 감옥에 가둘 수 있었다. 사도 바울 또한 사탄이 가하는 주먹질을 평생 느끼며 살았다.

베드로가 예수님을 부인했을 때 그는 사탄의 손아귀에 있었고, 사탄의 능력에 굴복하기 직전까지 갔다. 욥 또한 사탄의 능력 아래 놓였다. 그는 모든 것을 파괴하는 사나운 광풍에 인내심을 제외한 모든 것을 잃은 사람처럼 막다른 곳까지 내몰려 고통당했다. 이처럼 우리의 재산과 가족과 친구들과 평판을 전부 무너뜨리는 사탄의 능력은 실로 강력하다.

예수님이 광야에서 시험을 당하셨을 때 사탄의 마력에 이끌려 성전 꼭대기와 높은 산에 올라가셨다. 두려운 사탄의 능력이 '하늘의 기름부음을 받으신 분'을 향해 어두컴컴한 기세를 펼쳤다. 천사들은 뒤로 물러났고 하늘은 음악을 멈추고 침묵이 휘감고 두려움에 떨었다.

질병의 능력 또한 사탄의 손아귀에 있다. 사탄은 질병으로 욥을 강타했다. 그리스도께서는 병을 앓고 있던 한 여인에 대해 "그러면 열여덟 해 동안 사탄에게 매인 바 된 이 아브라함의 딸을 안식일에 이 매임에서 푸는 것이 합당하지 아니하냐" (눅 13:16)라고 말씀하셨다. 많은 질병이 사탄의 능력에 기인한다는 것은 의심의 여지가 없는 사실이다. 그리스도의 사역에 관한 진술들 가운데 이에 대한 언급이 많다.

저물매 사람들이 귀신 들린 자를 많이 데리고 예수께 오거늘 예수께서 말씀으로 귀신들을 쫓아내시고 병든 자들을 다 고치시니 이는 선지자 이사야를 통하여 하신 말씀에 우리의 연약한 것을 친히 담당하시고 병을 짊어지셨도다 함을 이루려 하심이더라 마 8:16,17

하나님이 나사렛 예수에게 성령과 능력을 기름 붓듯 하셨으매 그가 두루 다니시며 선한 일을 행하시고 마귀에게 눌린 모든 사람을 고치셨으니 이는 하나님이 함께하셨음이라 행 10:38

인간의 육신을 억압하는 마귀의 능력

사탄의 능력은 욥을 죽이는 데까지 이르지 않았지만, 사탄은 욥의 자녀들의 생명을 앗아갔다. 사탄은 서머나교회 교인들을 열흘간 감옥에 넣을 수 있었지만(계 2:10), 다른 많은 사람들은 죽음으로 결박했다. 사탄의 잔혹하고 치명적인 손이 순교의 황금 면류관을 만든 것이다.

사탄이 인간의 육신을 제압하는 능력이 있다는 사실은 신약성경에 나오는 귀신 들린 사람들에게서 숱하게 목격되고 예시된다. 마귀는 몇몇 사람들의 육신을 소유하고 귀신들을 시켜 그들의 육신을 다스리게 했다. 그들 가운데 몇 사람은 육신적으로 두려운 고통을 당했고 마음까지 무너졌다. 또 다른 사람들은 마귀의 능력으로 신체 기능이 멎는 고통을 당했다. 어떤 이들은 마귀 때문에 귀머거리가 되었고, 또 어떤 이들은 벙어리가 되거나 소경이 되었다. 이런 일이 숱하게 많이 일어났고 그 종류도 다양했다.

가장 비참한 고통을 당한 사람들 중에는 중한 죄를 짓지 않은 이들이 있었다. 상대적으로 순결한 어린아이들이 사탄의 능력에 희생된 경우에는 그들의 전인격이 이질적인 영의 능력 아래 놓이게 되었다. 사탄의 능력과 인격과 근접함이 아이들에게 파괴적인 영향을 끼치며 지속적으로 나타났다.

복음서에 나오는 기사記事들이 '귀신 들림' 사건이라는 역사적 사실에 대한 명백한 언질이라고 많은 이들이 말했다. 그 기사들이 사실이 아니라면 복음이 거짓일 것이다. 복음은 주 예수님이 직접 하신 말씀, 곧 마귀의 인격과 존재에 대해 명료하게 언급하는 주님의 말씀을 우리에게 전한다. 이 말씀들은 우리 주님께서 직접 하신 말씀이다. 만일 그렇지 않다면, 우리는 그리스도의 말씀과 일치하는 70명의 제자들의 간증을 무효로 해야 하고, 복음서가 전하는 사실들을 뒤집는 원칙을 다시 세워야 할 것이다.

천사장도 상대하기 어려운 상대

사탄의 능력은 이 땅에 사는 하나님의 귀한 성도들의 능력보다 훨씬 더 뛰어나다. 스가랴 3장은 하나님의 직무 대리자들과 맞서는 마귀의 능력에 대해 묘사한다.

대제사장 여호수아는 여호와의 천사 앞에 섰고 사탄은 그의 오른쪽에 서서 그를 대적하는 것을 여호와께서 내게 보이시니라 여호와께서 사탄에게 이르시되 사탄아 여호와께서 너를 책망하노라 예루살렘을 택한 여호와께서 너를 책망하노라 이는 불에서 꺼낸 그슬린 나무가 아니냐 하실 때에 여호수아가 더러운 옷을 입고 천사 앞에 서 있는지라 여호와께서 자기 앞에 선 자들에게 명령하사 그 더러운 옷을 벗기라 하시고 또 여호수아에게 이르시되 내가 네 죄악을 제거하여 버렸으니 네게 아름다운 옷을 입히리라 하시기로 슥 3:1-4

여기 대제사장 여호수아와 주님의 천사가 있다. 사탄은 여호수아가 행하는 모든 의로운 행위에 반대하기 위해 여호수아의 오른편에 서 있다. 여호수아와 천사는 사탄과 논쟁하면서 자신들의 힘이 약하다는 것을 깨닫고 하늘에 도움을 청한다. 이에 하나님께서는 "사탄아 여호와께서 너를 책망하노라"라고 말씀하신다.

유다도 다음과 같은 흥미로운 진술을 우리에게 전한다.

> 천사장 미가엘이 모세의 시체에 관하여 마귀와 다투어 변
> 론할 때에 감히 비방하는 판결을 내리지 못하고 다만 말
> 하되 주께서 너를 꾸짖으시기를 원하노라 하였거늘 유 1:9

이 난해한 구절은 천사장 미가엘과 마귀의 논쟁에 대해 무언가를 시사한다. 이 구절은 마귀와 단독으로 변론하기에는 천사장의 능력도 힘에 부친다는 것을 분명히 보여준다.

보이지 않는 강력한 힘

다니엘은 이 세상 가까이 있지만 우리 눈에 보이지 않는 영적 세계에 존재하는 능력과 충돌에 대해 우리에게 살짝 보여준다. 보이지 않는 세계는 우리가 영적 싸움을 어떻게 하고 그 싸움에서 승리를 쟁취하는지 긴밀하게 연결된다. 다니엘이 3주간 기도했을 때 마침내 응답이 임했고 천사가 등장했다.

> 그가 내게 이르되 다니엘아 두려워하지 말라 네가 깨달으
> 려 하여 네 하나님 앞에 스스로 겸비하게 하기로 결심하
> 던 첫날부터 네 말이 응답받았으므로 내가 네 말로 말미

암아 왔느니라 그런데 바사 왕국의 군주가 이십일 일 동

안 나를 막았으므로 내가 거기 바사 왕국의 왕들과 함께

머물러 있더니 가장 높은 군주 중 하나인 미가엘이 와서

나를 도와주므로 단 10:12,13

이 구절에서, 우리는 사탄이 어떻게 역사하는지 알 수 있다. 사탄은 우리의 기도를 막지 못할 것 같으면 기도 응답을 지체시킨다. 사탄은 이런 식으로 우리를 낙심시키고 우리의 믿음을 꺾으려고 갖은 애를 쓴다. 그리고 그리스도인들의 긴급하고 지속적인 기도의 능력을 최소화하려고 한다.

사탄의 보이지 않는 영향력은 사람들을 이용해 서머나교회 성도 몇 사람을 감옥에 가두는 것에서도 드러났다. 예수 그리스도께서는 서머나교회 교인들에게 칭찬과 권고와 위로의 말씀을 전하셨다.

너는 장차 받을 고난을 두려워하지 말라 볼지어다 마귀가

장차 너희 가운데서 몇 사람을 옥에 던져 시험을 받게 하

리니 너희가 십 일 동안 환난을 받으리라 네가 죽도록 충

성하라 그리하면 내가 생명의 관을 네게 주리라 계 2:10

마귀가 자기 집으로 삼고 절대적인 지배력을 행사하며 통치하는 곳, 마귀의 본부 혹은 특별한 권좌가 있다. 예수님은 버가모교회에 보내는 편지에서 이 사실을 언급하셨다.

> 네가 어디에 사는지를 내가 아노니 거기는 사탄의 권좌가
> 있는 데라 네가 내 이름을 굳게 잡아서 내 충성된 증인 안
> 디바가 너희 가운데 곧 사탄이 사는 곳에서 죽임을 당할
> 때에도 나를 믿는 믿음을 저버리지 아니하였도다 계 2:13

요한계시록은 자칭 유대인이라고 하지만 실상은 유대인이 아니라 사탄의 무리인 자들에 대해 말한다(계 2:9 참조). 자칭 그리스도인이라 말하지만 실상은 사탄의 교회인 곳이 우리 가운데 있지는 않은가? 부활 후 승천하시고 하늘 보좌에 앉으신 하나님의 아들 그리스도께서는 사탄에 대해 땅에 계셨을 때와 똑같은 견해를 보이셨다. 그리스도께서 소아시아 일곱 교회에 보내신 편지를 보면 알 수 있다. 그리스도께서는 두아디라교

회에 보내는 편지에서 "사탄의 깊은 것"(계 2:24)에 대해 언급하셨다. 또한 그리스도께서는 요한에게 베푸신 이 계시에서 사탄을 여전히 "용… 곧 옛 뱀이요 마귀요 사탄"(계 20:2)이라 명명하셨고, '크게 분을 내는 자'(계 12:12 참조)로도 명명하셨다.

가짜 예배에 속지 말라

사탄의 능력은 수많은 사람들을 타락으로 내몰지만, 사람들을 황홀하게 매료시키는 사탄의 예배에 의해 엄청나고도 기묘하게 강화된다. 이교도들의 예배와 헌신은 실로 강력해서 예배에 헌신하는 이들을 쇠사슬로 칭칭 동인다. 이것은 우연히 발생한 것도 아니고 인간의 본성에 기인하는 종교적 본능에서 나온 것도 아니다. 그것은 유혹과 기만의 술수를 전공한 전문가가 실로 대단한 능력과 술책으로 만들어낸 제도이다. 모든 이교異敎 예배의 근저에는 사탄의 손이 있다. 사탄이 그들의 예배를 계획하고 편성하고 자극한다. 이런 사실이 그들의 예배에 힘과 영향력을 부여하는 것이다.

구약성경에서 여로보암은 자기 마음에 있는 종교적 본능을 왜곡하여, 사악하고 세속적이고 이기적인 목적을 이루고자 하나님의 예배를 천박한 것으로 만들었다. 그는 귀신들을 위한 제사장을 임명했다(왕상 12:32 참조). 시편 기자는 이스라엘 백성들이 자녀를 "악귀들에게 희생제물로 바쳤도다"(시 106:37)라고 한탄했다.

사도 바울은 고린도전서에서 이렇게 선언했다.

> 무릇 이방인이 제사하는 것은 귀신에게 하는 것이요 하나님께 제사하는 것이 아니니 나는 너희가 귀신과 교제하는 자가 되기를 원하지 아니하노라 너희가 주의 잔과 귀신의 잔을 겸하여 마시지 못하고 주의 식탁과 귀신의 식탁에 겸하여 참여하지 못하리라 고전 10:20,21

또한 바울은 디모데에게 이렇게 편지했다.

> 그러나 성령이 밝히 말씀하시기를 후일에 어떤 사람들이 믿음에서 떠나 미혹하는 영과 귀신의 가르침을 따르리라 하셨으니 딤전 4:1

사탄의 예배의 강렬함과 능력은 신약성경의 마지막 책에 예시되어 있다. 요한계시록은 사탄의 예배가 어떻게 그 강렬함을 증대시켜 마침내 어린양의 예배와 싸우게 될지에 대해 말한다. 인류 역사가 시작된 이래 이 땅에는 서로 경쟁하는 두 제단과 예배가 존재했다.

하나는 마귀가 창시자, 조종자, 보호자인 가짜 예배이며 다른 하나는 그리스도께서 창시자, 영감을 주는 자, 보호자이신 참되고 순결한 예배이다. 그러나 천국에 속한 참된 예배에 순교자가 있는 것처럼 마귀에 속한 거짓된 예배에도 순교자들이 있다. 참된 예배에 기묘함과 이적이 있는 것처럼 거짓 예배에도 기묘함과 이적이 있으므로 그런 것들에 현혹되지 말아야 한다.

마귀의 수하들

요한계시록은 이 상황을 간략히 요약한다.

그들에게 왕이 있으니 무저갱의 사자라 히브리어로는 그 이름이 아바돈이요 헬라어로는 그 이름이 아볼루온이더

라 첫째 화는 지나갔으나 보라 아직도 이후에 화 둘이 이

르리로다 계 9.11,12

여기 언급된 '화'owe는 아무렇게나 임하는 화가 아니며, 그 화를 일으키는 장본인 또한 무질서하고 난폭한 폭도가 아니다. 그들은 조직을 갖추고 있다. 마귀에게 엄격하게 복종하는 자가 그 무리에서 득세한다. 그들은 창조 위계에서 첫째 위계에 속한, 대단한 능력과 위엄이 있는 '통치자들'과 '권세자들'이다(엡 6:12). 그들은 위에서 명령을 받고 아래로 명령을 하달하는 상하관계 조직이다.

그들은 가장 완벽한 체제를 구축하고 있다. 훈련은 군사적이며 편성은 절대적이고 정연하다. 이 조직은 강력하고 최고의 우두머리 아래 투철한 병사들과 장교들로 구성되어 있다.

우리의 씨름은 혈과 육을 상대하는 것이 아니요 통치자들

과 권세들과 이 어둠의 세상 주관자들과 하늘에 있는 악

의 영들을 상대함이라 엡 6:12

지위가 높고 사악한 영들은 어디에나 있다. 그들은 공중에 가득하며 악을 행하는 데 열중한다. 그들은 지도자의 지휘를 충실히 따른다. 그들은 지도자를 절대적으로 신뢰하고 맹종하며 계획을 수행한다. 아! 그들의 본성이 얼마나 메스꺼운지! 이적을 일으키는 그들의 능력은 또 얼마나 놀라운지! 그들이 우리에게 얼마나 지대한 영향력을 행사하는지! 그들의 존재 목적이 얼마나 호전적인지!

요한계시록 16장은 이 모든 것을 생생하고도 명료하게 설명한다.

> 또 내가 보매 개구리 같은 세 더러운 영이 용의 입과 짐승의 입과 거짓 선지자의 입에서 나오니 그들은 귀신의 영이라 이적을 행하여 온 천하 왕들에게 가서 하나님 곧 전능하신 이의 큰 날에 있을 전쟁을 위하여 그들을 모으더라 계 16:13,14

사탄의 능력은 거듭나지 못한 사람들의 노력과 작용을 통해 증대되고 그 모습을 드러낸다. 그들이 어둠의 왕국 백성으로서 사탄의 능력 아래 있기 때문이다. 뿐만 아니라 그들은 사탄과 매우 밀접하게 연결되어 있다. 그들은 결속 면에서나 존재 목적 또는 관계 면에서 사탄과 매우 친밀하기 때문에 사탄의 가족이 된다. 사탄의 부권父權이 그들을 낳고 그들에게 성품을 부여하며 사탄의 부성父性이 그들을 강하게 끌어안아 결속시킨다.

제자들도 예외가 없다

사탄의 능력이 얼마나 방자하고, 오만하고, 대담하고, 하나님을 모독하는지! 사탄은 거룩하신 그리스도 가까이 접근했다. 사탄은 그리스도께서 택하신 성스러운 제자 무리 안에 침입했고, 가룟 유다를 시험하고 굴복시켜 사도라는 높은 지위에서 떨어뜨렸다. 그로 인해 그는 통한으로 가득한 삶을 살게 되었고 결국 자살해 영원히 지옥에 떨어지고 말았다.

베드로는 잠시 사탄의 대변인으로 행동했고, 자기 십자가를 지지 않고 자기를 부인하지 않는 세상의 종교를 옹호하는 자가 되었다. 그는 사탄의 능력에 너무나 큰 영향을 받은 나머지 그리스도를 모른다고 저주하고 맹세하고 거짓말했다. 마침내 그는 자신이 죄에 물들고 더럽혀진 사실을 깨달았다. 그는 오직 예수님의 기도를 통해 구원을 받았다.

요한과 야고보는 하늘에서 불을 내려 사마리아 마을을 태워 달라고 그리스도께 청했을 때 마귀의 먹이가 되었다(눅 9:51-56 참조). 이때 주님께서는 그들에게 그리스도의 영靈이 없고 다른 영, 곧 파괴하는 자의 영이 있다고 예리하게 지적하셨다.

바울은 사도의 직무를 수행할 때 마귀에 의해 훼방과 방해를 받았다. 그래서 그는 데살로니가 교인들에게 보낸 편지에 이렇게 썼다.

> 나 바울은 한 번 두 번 너희에게 가고자 하였으나 사탄이
> 우리를 막았도다 살전 2:18

그리고 그는 사도로서의 충절을 훼방하는 원수가 남긴 흔적을 무덤에 갈 때까지 자기 육신에 지녔다.

그러나 사탄의 능력은 결코 끝없이 높지 않다. 한계가 있다. 욥의 경우가 바로 그랬다. 사탄은 욥을 괴롭힐 수만 있었다. 그리고 하나님의 아들이 세상에 오신 후로 사탄의 능력은 점

점 약화되었는데, 그리스도의 십자가가 사탄에게 치명적인 타격을 입혔기 때문이다. 그리스도께서는 사망의 왕국을 폐하시고 "복음으로써 생명과 썩지 아니할 것을 드러내셨다"(딤후 1:10). 사탄의 나라는 갈보리에서 치명타를 입었고, 지금은 복음의 전능한 힘이 사탄의 강력한 힘을 꼭 쥐고 있다.

01 원수의 능력은 강력하다.

그리스도께서는 씨 뿌리는 자의 비유에서 사탄이 하나님의 말씀을 무효로 만들기 위해 행사하는 영향력이 우리 눈에는 보이지 않지만, 매우 강력하다고 말씀하셨다. 사탄은 악독한 증오심으로 우리에게서 말씀의 씨앗을 낚아챈다. 사탄은 좋은 씨앗을 빼앗는 파괴자이다. 사탄이 구원을 막기 위해 인간의 마음에 강력한 영향을 끼치는 탓에, 변치 않고 영원한 하나님의 말씀이 훼방을 받는다.

02 보이지 않는 영향력을 경계하라.

사탄은 우리의 기도를 막지 못할 것 같으면 기도 응답을 지체시킨다. 사탄은 이런 식으로 우리를 낙심시키고 우리의 믿음을 꺾으려고 갖은 애를 쓴다. 그리고 우리 그리스도인들의 긴급하고 지속적인 기도의 능력을 최소화하려고 한다. 사탄의 보이지 않는 영향력은 사람들을 이용해 서머나교회 성도 몇 사람을 감옥에 가두는 것에서도 드러났다.

03 원수의 능력은 결코 궁극적이지 않다.

사탄의 능력에는 한계가 있다. 하나님의 아들이 세상에 오신 후로 사탄의 능력은 점점 약화되었다. 그리스도의 십자가가 사탄에게 치명적인 타격을 입혔기 때문이다. 그리스도께서는 사망의 왕국을 폐하시고 복음으로 생명과 썩지 아니할 것을 드러내셨다. 사탄의 나라는 갈보리에서 치명타를 입었고, 지금은 복음의 전능한 힘이 사탄의 강력한 힘을 꼭 쥐고 있다.

이제 이 세상에 대한 심판이 이르렀으니
이 세상의 임금이 쫓겨나리라
요한복음 12장 31절

✤

그런데 뱀은 여호와 하나님이 지으신 들짐승 중에 가장 간교하니라 뱀이 여자에게 물어 이르
되 하나님이 참으로 너희에게 동산 모든 나무의 열매를 먹지 말라 하시더냐 여자가 뱀에게
말하되 동산 나무의 열매를 우리가 먹을 수 있으나 동산 중앙에 있는 나무의 열매는 하나님
의 말씀에 너희는 먹지도 말고 만지지도 말라 너희가 죽을까 하노라 하셨느니라 뱀이 여자에
게 이르되 너희가 결코 죽지 아니하리라 너희가 그것을 먹는 날에는 너희 눈이 밝아져 하나
님과 같이 되어 선악을 알 줄 하나님이 아심이니라 여자가 그 나무를 본즉 먹음직도 하고 보
암직도 하고 지혜롭게 할 만큼 탐스럽기도 한 나무인지라 여자가 그 열매를 따먹고 자기와
함께 있는 남편에게도 주매 그도 먹은지라 **창 3:1-6**

눈에 보이지 않는
원수의 전략을 미리 파악하라

원수에게 위협이 되지 않는 그리스도인

성경은 사탄을 집요한 존재, 지칠 줄 모르고 행동하며 애쓰는 존재로 묘사하고 있다. 욥기에서 사탄은 "네가 어디서 왔느냐?"라는 하나님의 질문에 "땅을 두루 돌아 여기저기 다녀왔나이다"(욥 1:7)라고 대답했다. 이 진술은 사탄이 사람들을 반복적으로 신중하게 관찰하고 주시하면서 광범위한 지역을 기민하게 돌아다니는 존재임을 의미한다. 그래서 베드로도 "너희 대적 마귀가 우는 사자같이 두루 다니며 삼킬 자를 찾나니"(벧전 5:8)라고 말했다. 부지런히 활동하기, 면밀히 관찰하기, 능력 과시하기, 확실한 뜻을 가지고 행동하기 등이 바로 사탄의 방법론이다.

토마스 아 켐피스는 사탄에 대해 이렇게 말했다.

이 고대의 원수가 선해지고자 하는 당신의 열망을 훼방하고,
당신의 신앙을 실천하지 못하도록 모든 수단을 동원하고 있
음을 알라! 이 원수는 권태와 두려움을 일으키기 위해, 기도
와 신령한 말씀 묵상에서 벗어나도록 하기 위해 지금 당신에
게 악한 생각들을 제안한다.

부주의하고 냉담한 그리스도인은 사탄과 사탄의 계책에 대
해 아무것도 알지 못한다. 그러나 하나님을 섬기는 사람들은
사탄의 관심을 불러일으키며 사탄의 분노를 촉발하며, 사탄
의 작전을 개시하게 한다.

놀라운 믿음과 능력을 가진 블룸하르트(Johann Blumhart, 20세기
초 독일의 목회자) 목사는 "사탄의 계략과 술책을 모르는 사람은
허공을 울릴 뿐이다. 사탄은 그런 사람을 도무지 두려워하지
않는다!"라고 말했다. 블룸하르트 목사는 자신의 예를 들며,
"나는 귀신 들린 사람과 관계함으로써 어둠의 능력과 실로 두

려운 충돌에 연루되었다. 그 충돌이 얼마나 두려웠는지 말로 묘사하기는 어렵다!"라고 말했다.

어떤 그리스도인은 마귀의 존재와 증오에 대해 전혀 모른 채 살다가 죽을 수도 있다. 그렇다면 마귀 역시 그의 신앙에 무관심할 것이다. 그런 사람의 신앙이 사탄의 나라에 전혀 위협이 되지 않기 때문이다. 그러나 블룸하르트 같은 신자는 사탄의 나라에 심각한 동요와 두려움을 일으킨다.

사탄의 위장술

사탄은 모방模倣을 통해 일한다. 어떤 것을 가능한 본래의 것과 가장 비슷하게 만들어 진짜가 지닌 힘과 가치를 파괴하는 것이 사탄의 방책이다. 이것은 사탄이 선호하는 방법 중의 하나이다. 얀네와 얌브레가 거짓 술수로 모세를 대적한 것처럼 사탄은 거짓 술수로 자신의 일을 수행한다(딤후 3:8 참조). 사탄의 일꾼들이 의義의 일꾼으로 가장하는 것처럼(고후 11:14,15) 사탄이 일으키는 경이는 최고의 이적처럼 보인다.

사탄은 눈에 보이게 나타나는가? 하나님과 그리스도는 육신의 형태로, 형상으로, 표상으로 자신을 나타내셨다. 하나님의 거룩한 사람들은 하나님께서 위엄의 모습으로 나타나신 것을 눈으로 보았다. 그러면 사탄도 인간의 눈으로 알아볼 수 있는 형태를 자신에게 부여할 능력이 있을까? 사탄도 자신에게 육신의 형태를 부여할 수 있을까?

사탄이 광야에서 그리스도를 시험할 때 자신에게 가시적可視的인 형태를 부여한 것 같다. 물론 그때 사탄이 어떤 형태로 나타났는지는 성경에 기록되어 있지 않다. 하지만 아마도 그는 인간의 형상으로, 그것도 매우 경건한 인간의 형상이나 광야에서 은둔생활을 하는 신실한 은둔자의 모습으로 나타났을 것이다.

우리를 기만하기 위해 사탄이 가장 즐겨 사용하는 방법은, 자신이 당면한 문제에 최대한 걸맞은 형상으로 우리 앞에 나타나는 것이다. 그런 점에서, 뱀의 형상이나 특질이 하와에게 접근하는 것을 용이하게 했다는 것은 의심의 여지가 없다. 사탄은 "광명의 천사"(고후 11:14)로 가장하기 때문에 순진한 사람들은 그 모습에 금세 매료된다.

그리스도의 시대에 사탄은 어떤 사람을 완전히 홀려서 그 사람을 통해 자신을 나타냈다. 사탄은 다른 인격체를 이용해 자신의 존재와 능력을 나타냈다. 사탄은 교활하고, 음흉하게, 기만적으로 위장하고 나타난다. 사탄은 때로 아름답고 생기발랄한, 방금 낙원에서 온 것 같은 '광명의 천사'로 자신을 가장한다. 사탄이 눈에 보이게 모습을 드러낼 때 그 광채는 대단해 보인다. 목소리는 실로 부드럽고, 듣기 좋고, 설득력 있게 들린다. 사탄이 가시적으로 모습을 드러낼 때 타락의 흔적은 도무지 보이지 않는다.

육신을 향한 공격

사탄은 인간의 육신에 질병을 일으키고, 병든 육신을 통해 그리스도에 대한 우리의 충성에 영향을 끼친다. 욥은 사탄이 일으킨 질병으로 모진 시련을 당했다. 사탄은 이처럼 질병을 통해 우리에게 시련을 준다. 그리스도의 시대에 사탄은 그저 일반적인 병이 아니라 소위 '귀신 들림'이라 불리는 것을 통해 적극적으로 인간의 육신에 영향을 끼쳤다. 그리고 그런 경우에 사탄은 자신의 먹이가 된 사람의 육신의 주요 기능 몇 가지를 해침으로써 역사했다.

사탄은 바울처럼 '그리스도에 대한 충절'이라는 확고한 경로에서 이탈시키기 어려운 사람들에게는 "가시"(고후 12:7)로 육체적인 고통을 주려고 한다. 사탄이 서머나교회의 그리스도인들을 감옥에 던져 그들의 육신을 사슬로 결박한 것도 그들 영혼에 족쇄를 채울 수가 없었기 때문이다. 사탄은 인간을 유혹하고 멸망시키기 위해 말로 다할 수 없는 집요함과 교활하기 짝이 없는 끈기로 자신의 방법들을 사용한다.

마음에 빗장을 질러라

사탄은 인간의 마음에 접근한다. 우리는 사탄이 틈타지 못하도록 우리 마음에 영원히 빗장을 질러야 한다. 그러나 사탄의 악랄한 계교는 사탄의 더러운 행위를 그럴 듯한 위장술로 가린다. 그리고 불법이 성행하는 악한 세상을 아름다운 무지갯빛으로 은폐한다. 사탄은 선한 다윗을 기만함으로써 이스라엘의 인구를 계수하도록 자극했다. 하나님의 뜻에 반하는 행동을 함으로써 이스라엘 민족 전체에 하나님의 두려운 심판이 속히 임했다. 씨 뿌리는 자의 비유는 마귀가 어떻게 인간의 마음에 역사해 인간의 마음에 심긴 선한 영향력을 빼앗는지에 대해 가르친다.

길가에 있다는 것은 말씀을 들은 자니 이에 마귀가 가서
그들이 믿어 구원을 얻지 못하게 하려고 말씀을 그 마음
에서 빼앗는 것이요 눅 8:12

또한 이 비유는 가룟 유다의 경우처럼 마귀가 어떻게 우리 마음에 영향력을 행사하여 사악한 일을 저지르게 하는지에 대해서도 가르친다.

가룟 유다는 그리스도께 택함 받은 사도였다. 고귀하고 거룩한 모임의 일원이자 큰 소명을 받은 자들 중의 하나였다. 그런데도 마귀는 집요하게 가룟 유다의 마음을 움직여 흉악한 죄를 저지르게 했고, 그 죄는 결국 가룟 유다를 절망과 자살로 내몰았다.

사탄은 어떤 진리든지 인간의 마음이 피상적으로 받아들인 것을 재빨리 낚아챈다. 또한 사탄은 믿지 않는 사람들의 눈을 멀게 하며, 그들이 구원의 진리의 빛을 보지 못하도록 훼방한다. 믿음을 훼방하기 위해 사람의 마음에서 말씀을 빼앗아가고 구원의 빛을 보지 못하도록 마음의 눈을 멀게 하는 이와 같은 공정工程은 사탄에게는 매우 일상적인 일이다. 사탄은 이

일을 위해 불철주야로 일하며 결코 무위도식하지 않는다. 사탄은 말씀을 받을 준비가 되지 않은 심령에게서 말씀을 빼앗으며 밀 가운데 가라지를 뿌린다.

사탄은 욥에게 질병을 준 것과 같은 목적으로 사람들에게 질병을 준다. 사탄은 그릇된 일을 하라고 사람들을 꾀며 악한 일을 하라고 사람들을 부추긴다.

사탄은 광야에서 기력이 쇠하고 낙담한, 믿음이 연약해진, 어둑어둑한 하늘 아래 있는, 흐릿한 비전을 가진 우리를 찾아낸다. 그리고 우리를 전망 좋은 산꼭대기로 데려가, 가장 매력적인 모습을 한 세상을 보여주면서, 그 황홀한 경이驚異로 우리를 올무에 빠뜨리려고 애쓴다. 우리의 관棺 뚜껑이 봉인되어 마침내 우리의 심령이 "악한 자가 소요를 그치며… 피곤한 자가 쉼을 얻는"(욥 3:17) 땅에서 헤엄치지 않는 한, 사탄은 우리를 멸망시키려는 일에 싫증을 내거나 이 시도를 멈추지 않는다.

사탄은 천사장의 지혜가 있으며 지옥의 우두머리로서 영원의 세계 절반을 장악하고 있다. 사탄은 기만과 술책과 기교의 전문가이다. 사탄은 자신의 목적을 이루기 위해 자신의 명령을 따라 힘써줄 무제한의 자원이 있다. 하나님 외에 사탄보다 더 지혜롭고 강력한 영은 존재하지 않는다. 사탄보다 더 사악한 영이 없고, 사탄보다 더 부지런한 일꾼이 없다. 사탄에게서 본받을 만한 것이 있다면, 그것은 바로 끝없는 에너지와 지칠 줄 모르는 집요함이다. 이런 요소들이 사탄을 강하고 두렵게 만든다.

그러나 "육체에 가시"(고후 12:7)는 바울의 슬픔을 기쁨으로, 궁핍함을 부요함으로, 연약함을 강함으로, 그가 받은 능욕을 천국의 위로로 변모시켰다. 하나님께서는 사탄의 모든 악한 행위가 서로 협력하여 하나님을 사랑하는 자들에게 유익이 되도록 반드시 조치를 취하신다.

그렇다! 옛 성도들이 말한 것처럼 "사탄은 성도의 믿음과 인내를 연마하는 숫돌이다!" 어쩌면 사탄이 성도의 믿음과 인내의 돌을 거칠게 만들어 놓아서 하나님께서 그 돌을 연마하느라 바쁘실지도 모른다. 그러나 사탄의 불순물이 돌을 매끈하게 할 것이며 마침내 그 돌은 최상품의 다이아몬드가 될 것이다.

원수의 다양한 유혹

사탄의 방법은 사탄이 다루는 사람에 따라 달라진다. 사탄은 개개인의 약점을 잘 파악하고 있으며 어떤 죄에 취약한지 잘 알고 있다.

교활하고 음흉하고 극악무도한 사탄은 '남의 행복을 바라는 이'로 위장하고 하와에게 접근했다. 그리고 하와의 시선을 감각적인 기쁨의 길로 유도하여 하나님처럼 될 수 있는 높은 상태에 옮김으로써 불순종을 선동했다. 사탄은 하와의 마음에 하나님에 대한 이기적이고 거짓된 비난을 쏟아놓았다. 하와의 눈에는 어떤 위험도 보이지 않았다. 사탄은 하와의 마음을 괴롭게 하는 책략을 쓰지 않는 대신 넌지시 암시하고 기만했으며 올무를 놓았다.

그러나 사탄이 욥에게 쓴 방법은 완전히 달랐다. 욥은 하나님께 "그와 같이 온전하고 정직하여 하나님을 경외하며 악에서 떠난 자는 세상에 없느니라"(욥 1:8)라는 말을 들은 빼어난 성품의 소유자였다. 과연 사탄은 성도 중에서도 가장 성도다운 욥을 미혹하기 위해 어떤 방법을 고안해냈을까?

사탄은 하나님께 욥의 믿음의 동기가 이기적이라고 비난했다. 그리고 욥의 경건함을 세속적이고 부정직한 것으로 격하시켰다. 사탄이 욥을 미혹하기 위해 매혹적인 길을 보여주거나 꽃이 만발한 길을 가리키지 않았다. 한마디 말도 건네지 않았다. 어떤 경고도 없이 처참한 비극과 재난을 내려 충격을 주었다. 사탄은 모든 것을 황폐화시키는 한 차례의 가격으로 욥의 열 자녀들의 목숨을 앗아갔으며 그가 가진 재산이 다 날아갔다. 어두운 한 시간이 욥에게서 가족과 재산을 강탈한 것이다. 욥은 삽시간에 발생한 엄청난 손실에 발가벗겨진 채 가정을 잃고, 자녀를 잃고, 친구를 잃었다. 그 누구도, 그 무엇도 욥의 슬픔을 달랠 수 없었다. 욥은 자신에게 다가온 어둠의 정체를 도무지 이해할 수 없었다.

그러나 욥은 대리석 기둥이 뜨거운 화염에 시커멓게 그슬릴 뿐 넘어지지 않는 것처럼 믿음의 고결함을 잃지 않았다. 그는 사탄이 일으킨 맹렬한 시련에도 끄떡하지 않았다. 사탄은 욥을 괴롭히는 것을 그만두지 않고 계속해서 욥의 경건함의 진실성을 의심하며 중상했다.

사탄은 하나님을 향한 욥의 절개와 충성을 인정하려 하지 않았다. 사탄은 욥의 고결한 신앙이 저속한 동기에서 비롯된 것이라고 계속해서 주장했다. 사탄은 잔혹함과 사악한 거짓말을 모두 동원하여 '죽음을 다루는' 자신의 일을 속행했다.

이번에는 지옥에 있는 자신의 무기고에서 메스꺼운 질병을 꺼내왔다. 사탄은 한 사람의 성도에게 총력을 집중해 욥에게 고통에 고통을 더했다. 그래서 마침내 그의 아내를 그에게서 떼어놓았고, 그의 친구들을 멀어지게 했고, 원수들이 승리의 노래를 부르게 했다. 소망이 없고 비통한 욥의 슬픔을 달래줄 것은 아무것도 없었다. 평판은 더럽혀졌고, 육신은 고문을 당했고, 마음은 고뇌에 빠졌다. 이처럼 자신에게 기만당하지 않는 신자들을 괴롭게 하고 불명예스럽게 만드는 것은 사탄이 하나님의 자녀들을 넘어뜨리기 위해 쓰는 또 하나의 방법이다.

치명적 위장

사탄은 광야에서 하나님의 아들을 시험할 때, 욥에게 했던 것처럼 좌절을 안기는 고통의 폭풍으로 접근하지 않고 명백한 공감과 우호의 자세로 접근했다. 아마도 사탄은 성스러운 광야의 은둔자의 모습으로 그리스도에게 접근했을 것이다. 사탄은 "네가 만일 하나님의 아들이어든"(마 4:3)이란 말로 예수님을 유혹했다("네가 하나님의 아들인지 확실하게 확인하고 싶지? 나도 마찬가지야. 너는 지금 배가 많이 고프고 기력이 쇠약해졌어!"라는 의미이다). 사탄은 계속해서 "명하여 이 돌들로 떡덩이가 되게 하라"(마 4:3)라고 말했다. 이는 예수님이 하나님의 아들인지 아닌지를 확인하는 중대한 문제를 신속하게 해결하고 배고픔을 해소하기 위한 적절하고도 악의 없는 방법처럼 보인다.

그런 다음 사탄은 예수님에게 접근하여 성전의 고결함으로 유혹했다. 사탄은 성전에 모여든 순례자들이 두려워하고 기이해하는 가운데 예수님이 자신의 '메시아 되심'을 입증할 기회를 제공했다. 이 또한 그리스도의 사명에 신임장을 부여하기 위해 매일 사람들을 가르치고 돌보는 느린 과정보다 더 간단하고 좋은 방법처럼 보인다. 그것은 십자가의 수치와 무게의 어두운 그림자 속에서 십자가를 향해 나아가는 것보다 훨씬 더 편하게 보였을 것이다. 사탄은 마지막으로 화려한 영광과 능력과 장대함을 지닌 세상을 보여줌으로써 그리스도를 유혹하려는 무모한 시도를 했다.

사탄은 구름 한 점 없이 조용한 곳, 하늘처럼 높은 곳에서 욥을 끌어내려 비바람 치는 사나운 밤에 던져버렸다. 그러나 하나님의 아들에게는 고통과 가난과 배고픔과 수치와 수고와 죽음에서 건져 올리는 따뜻한 친구의 모습으로 접근했다.

마음의 눈을 멀게 한다

원수 마귀의 움직임과 방법은 좀처럼 간파되지 않는다. 원수는 다른 사람들을 시켜 자신의 일을 하게 만들고 계획을 실행시키는 비상한 능력이 있기 때문이다.

> 만일 우리의 복음이 가리었으면 망하는 자들에게 가리어진 것이라 그중에 이 세상의 신이 믿지 아니하는 자들의 마음을 혼미하게 하여 그리스도의 영광의 복음의 광채가 비치지 못하게 함이니 그리스도는 하나님의 형상이니라… 어두운 데에 빛이 비치라 말씀하셨던 그 하나님께서 예수 그리스도의 얼굴에 있는 하나님의 영광을 아는 빛을 우리 마음에 비추셨느니라 … 우리가 사방으로 우겨쌈을 당하여도 싸이지 아니하며 답답한 일을 당하여도 낙심하지 아니하며 박해를 받아도 버린 바 되지 아니하며 거꾸러뜨림을 당하여도 망하지 아니하고 고후 4:3,4,6,8,9

마귀는 죄에서 비롯된 슬프고 악한 결과에 베일을 씌워 은폐하는 방법을 쓴다. 마귀는 사람들의 눈을 가려 악한 것을 보지 못하게 한다. 하나님을 사랑했던 다윗마저 사탄이 눈을 가려 배신과 비행과 살인을 저질렀다(삼하 11:2-12:10 참조). 이것이 바로 사탄이 죄인들을 불신앙의 상태에 두는 방법이다. 사탄은 죄인들의 눈을 가려 의義의 아들의 모든 영광과 광채를 바라보지 못하게 한다.

> 그중에 이 세상의 신이 믿지 아니하는 자들의 마음을 혼미하게 하여 그리스도의 영광의 복음의 광채가 비치지 못하게 함이니 그리스도는 하나님의 형상이니라 고후 4:4

마귀의 능력은 인간의 마음까지 확장된다. 마귀는 인간의 마음에 영향을 끼칠 수 있으며, 생각을 주입할 수 있으며, 목표를 제안할 수 있으며, 상상력을 자극할 수 있다. 사탄은 우리의 격정에 불을 붙일 수 있고, 욕망이 꿈틀거리게 할 수 있으며, 옛 습관을 일깨울 수 있고, 사그라지는 정욕의 불씨에 부채질을 하거나 새로운 정욕의 불씨를 일으킬 수 있다. 사탄은 하와의 순진함을 기만했다. 사탄은 가룟 유다에게 들어가 그를 완전히 소유했고, 그의 배신 계획을 완성했다. 또한 사탄은 아나니아와 삽비라의 은밀한 회의에 관여했고, 그들과 한패가 되어 협잡을 공모했다. 사탄은 사도들을 기만하려는 거짓 계획을 제안했다.

씨 뿌리는 비유에서 사탄이 사람의 마음 밭에 뿌려진 하나님의 씨앗을 재빨리 낚아챈다는 점을 볼 때 사탄이 인간의 마음에 제멋대로 들락거린다는 점은 명백하다. 바울은 고린도 교회에 보내는 편지에서 마귀를 "이 세상의 신"(고후 4:4)이라 칭했다. 마귀는 이 세상을 하나님의 진리와 복음의 영광의 빛을 차단하기 위한 베일로 이용한다. 마귀는 믿음의 눈을 가려 보이지 않는 영원한 세계에 있는 것들을 발견하지 못하게 만든다.

사도 요한은 사탄의 소유가 된 세상 자녀들과 하나님의 소유가 된 하나님의 자녀들의 대립에 대해 설명했다.

> 자녀들아 너희는 하나님께 속하였고 또 그들을 이기었나
> 니 이는 너희 안에 계신 이가 세상에 있는 자보다 크심이

라 그들은 세상에 속한 고로 세상에 속한 말을 하매 세상
이 그들의 말을 듣느니라 우리는 하나님께 속하였으니 하
나님을 아는 자는 우리의 말을 듣고 하나님께 속하지 아
니한 자는 우리의 말을 듣지 아니하나니 진리의 영과 미
혹의 영을 이로써 아느니라 요일 4:4-6

우리 안에 누가 있는가? 하나님이시다. 세상의 자녀들 안에
는 누가 있는가? 마귀이다. 우리의 믿음, 우리의 소망, 우리의
최종 승리는 말씀의 진리 안에 있다. 이는 너희 안에 계신 이
가 세상에 있는 자보다 크심이다(요일 4:4). 사탄은 하나님의 영
광을 가리기 위해 하나님이 실제로 역사하신 일들을 왜곡하
고 이적을 악용한다.

두려움과 낙심의 무기에 휘둘리지 말라

원수 마귀는 우리 영혼을 주저앉히고 절망에 빠뜨리기 위해
노력한다. 마귀는 우리가 믿음의 길에서 성공할 수 없다고 마
음에 속삭인다. 또한 믿음의 길이 너무 험하고 짐이 무겁다고
우리 귀에 속삭거린다.

마귀는 우리가 산만해지고 쇠약해졌을 때, 기회를 절묘하게 포착하여 두려움을 불어넣는다. 마귀는 우리가 은혜를 보지 못하도록 감추며, 우리의 결점을 확대해서 보여주며, 우리의 연약함을 가장 추한 죄로 분류한다. 때때로 마귀는 믿음의 불을 꺼버리기 위해 죽음의 공포를 이용하는데, 이때 무덤은 실로 두려운 것이 된다.

마귀는 우리가 미래를 보지 못하도록 우리 마음의 눈을 가린다. 오늘의 시련, 필요, 내일의 염려라는 두꺼운 베일로 천국과 하나님을 가린다. 상상 가능한 모든 재난, 실패, 장래의 불행은 마귀의 손에 들린 강력한 무기들이다. 마귀는 주님이 완고한 주인이며 약속을 지키지 않으실 거라고 부추긴다. 마귀는 우리 마음에 남아 있는 '부패' 위에서 역사하며 우리 영혼에 거센 폭풍을 일으킨다.

이에 대해 사무엘 러더포드(Samuel Rutherford, 1600~1661. 청교도 사상가)는 말했다.

아! 우리의 바다가 광포하게 날뛰는 것처럼 보일 때 우리 믿음이 오만한 파도와 바람을 헤치고 나아갈 수 있다면! 아! 내가 얼마나 자주 기운을 잃는지! 나는 이 험한 바다에서 헤엄을 치느라 애를 먹으며 반쯤 가라앉는다. 마귀는 이 싸움에서 이점을 가지고 있다. 그가 '부패'라고 알려진 땅을 딛고 싸우고 있기 때문이다. 그러나 상황이 어떻게 전개되든지, 우리가 우리 주님과 친밀해져서 사탄이 주님과 우리 사이로 지푸라기나 실오라기 하나 잡아당기지 못할 때까지 그리스도의 사랑 안에서 날마다 디딜 땅을 얻고 승리에 승리를 더하는 것이 우리의 행복이다.

눈과 마음을 위로 향하고 기도하라

마귀는 우리가 성질을 부리고 빈정거리며, 성마른 말을 내뱉고, 인내심을 잃도록 유혹한다. 마귀는 우리에게 육욕적인 동기를 가지라고 유혹한다. 그것이야말로 우리 마음에 있는 마귀의 강력한 동맹군이기 때문이다. 이때 우리는 그리스도께 돌아가야 한다. 우리에게는 성령으로 새로워진 헌신과 철저한 자기 헌신이 더 필요하다. 이때 눈과 마음을 위로 향하고 기도를 올리면 우리 영혼의 원수를 거부하고 마침내 정복할 수 있을 것이다.

성도 가운데 가장 지혜로우며, 하나님의 높임을 받은 한 사람이 "나는 내적으로 고통이 있다. 그것은 소위 사탄의 주먹질이라 불리는 것이다. 때로는 공포가 나를 붙든다. 나는 많은 것을 느끼지만, 그럴수록 더 두려워진다!"라고 기록했다.

마귀는 우리가 모세처럼 우리 자신을 지나치게 보잘것없는 존재로 느끼도록 유혹할 수 있고, 베드로처럼 우리 자신을 지나치게 대단한 존재로 느끼도록 유혹할 수도 있다. 어떤 의미에서 우리는 우리 자신을 지나치게 보잘것없는 존재로 여기면 안 된다. 사탄은 우리가 심히 가련하고 연약한 존재라고 설득하고는 아무것도 못하게 만들기 때문이다. 그렇게 되면 우리 믿음이 약해지고 우리의 노력이 무의미해진다.

다른 한편, 우리는 우리 자신을 지나치게 보잘것없는 존재로 여겨야 마땅하다. 사탄이 우리를 넘어뜨리기 위해 주로 쓰는 방법이 바로 우리 마음을 자만심과 자신감으로 채우는 것이기 때문이다. 그렇게 되면 믿음이 약해질 뿐 아니라 완전히 파괴되고 만다. 그런 경우에 우리의 노력과 행위를 늘리고 헛되이 과시할 수는 있겠지만, 그 모든 것에 자아와 사탄의 도장이 찍히게 될 것이다.

존 웨슬리는 그리스도인의 느낌에 대해 이렇게 말했다.

나는 우리 마음에 신앙을 파괴하려는 사탄의 정교한 책략에 대해 말씀을 전했다. 그리스도인에게 느낌을 중요하게 여기지 말고 아무것도 걸치지 않은 믿음으로 살라고 말하는 것은 사랑과 희락과 화평과 같은 성령의 열매들을 중요하게 여기지 말라고 말하는 것과 같다. 그리스도인이 그렇게 느끼든 반대로 느끼든, 그들 영혼이 천국과 같은 마음의 틀 안에 있든지 지옥과 같은 마음의 틀 안에 있든지 중요하게 여기지 말라는 것이다. 사탄은 어떤 그리스도인을 유혹할 때는 느낌을 지나치게 의지하게 만들지만, 다른 그리스도인을 유혹할 때는 모든 느낌을 무시하도록 부추기기도 한다.

우리가 우리 자신의 느낌을 지나치게 의지하는 것도 합당하지 않지만, 일체의 느낌을 무시하고 '아무것도 걸치지 않은 믿음'으로 살 때, 우리 자신도 느끼지 못하는 열매 없는 구원을 받아들이는 결과가 종종 발생할 것이다.

원수의 모든 능력을 제어할 권능

사탄의 방법이나 영리한 책략이 무엇이든지, 사탄을 정복하신 예수님이 우리에게 주시는 말씀은 바로 "내가 너희에게 뱀과 전갈을 밟으며 원수의 모든 능력을 제어할 권능을 주었으니 너희를 해칠 자가 결코 없으리라"(눅 10:19)라는 것이다.

해버갈(Frances Ridley Havergal, 1836~1879, 19세기 찬송시 작가)은 이 구절에 대해 이렇게 말했다.

이것은 원수의 모든 능력을 압도하는 권능이다. 원수가 가장 강력한 바로 그곳에서 우리는 승리할 것이다. 우리는 원수의 능력의 중심도 아니고, 여기저기에서 나타나거나 이따금 나타나는 원수의 능력도 아닌 원수의 모든 능력을 압도할 것이다. 예수님은 이 말씀을 하시며 우리에게 "이 정도면 싸우러가기에 충분하지 않겠니?"라고 물으신다.

원수의 머리는 계략으로 가득하다. 마귀는 많은 것들을 다양한 방법으로 수행한다. 어쩌면 마귀는 한 가지 일을 다양한 방법으로 수행할지도 모른다. 마귀는 상투적이지 않다. 마귀는 결코 판에 박힌 단조로운 방식을 고집하지 않는다. 생산적이고, 다양하고, 새로운 방법을 시도하는 것이 마귀가 일하는 방식이다. 마귀의 계략은 간접적이며, 교활하며, 그럴 듯하다. 마귀는 언제나 속임수와 음흉한 잔꾀에 의지하여 활동한다.

성경은 마귀의 계획을 "간계"(엡 6:11)라고 했다. 이 단어의 헬라어 원어는 "확고한 계획과 방법으로 탐구하거나 조사하다"라는 뜻이다. 이것은 나쁜 의미의 단어가 아니라, 일의 순서와 배열과 방법을 떠올리고 실행한다는 의미가 있다. 그러나 이 단어가 마귀의 손에 들어가면 마귀의 사전에 의해 다시 정의定義된다. 그리고 교활함과 술책이라는 진한 얼룩과 깊은 색채를 띠는 단어가 된다.

때로 사탄은 영계靈界의 옷을 벗고 우리에게 접근한다. 이때 사탄은 날카롭고 뾰족하고 고통스럽게 독을 머금은 가시로, 기도로도 빼낼 수 없는 가시로 우리에게 다가온다. 그러면 천국의 것을 목격한 성도조차 지옥의 것을 목격하게 되며, 하나님께 가장 온전하고 황홀한 계시를 받은 성도조차 가장 비극적으로 마귀를 체험하게 된다.

바울에게 있던 육체의 가시는 그가 받은 풍성한 계시만큼이나 많은 것을 의미했다. 그의 가시는, 그가 보았던 셋째 하늘의 환상(고후 12:2)보다 그를 더 성결한 성도로 만들었다. 사탄이 바울을 더 낮춤으로써 오히려 더 높이 들어올린 것이다.

사탄은 자신의 본래 성품을 따라 가시의 품종 개량자로서, 가시를 찌르는 자로 우리에게 올 수 있다. 그래서 우리 안에 기도의 능력으로도 빼낼 수 없는 가시, 독을 쏘며 아프게 하는 가시를 넣을 수 있다. 그러나 그 가시가 오히려 하나님의 은혜를 풍성하게 할 것이며, 우리의 겸손을 증대시킬 것이며, 우리의 연약함을 강하고 영광스럽게 할 것이다. 사탄의 가시는 가장 가난한 우리에게 가장 값진 옷을 차려 입힐 것이다. 우리의 비탄과 핍박을 가장 성스러운 기쁨으로 바꿀 것이다.

사탄의 가시는 하나님의 가장 크신 능력이 우리 안에, 위에 임하도록 공간을 마련할 것이다. 원수의 가시는 영적 침체의 가장 낮은 지점을 비전의 가장 높은 지점으로 만들 것이다. 원수의 가시는 연약함 가운데서 강함을 만들 것이며 가난함 가운데서 부유함을 만들 것이다.

01 사탄의 위장술에 속지 말라.

사탄은 모방을 통해 일한다. 어떤 것을 가능한 본래의 것처럼 만들어 진짜가 지닌 힘과 가치를 파괴하는 것이 사탄의 방책이다. 이것은 사탄이 선호하는 방법 중의 하나이다. 사탄은 또 죄에서 비롯된 슬프고 악한 결과에 베일을 씌워 은폐하는 방법을 쓴다. 마귀는 사람들의 눈을 가려 악한 것을 보지 못하게 한다. 하나님을 사랑했던 다윗마저 사탄이 눈을 가려 배신과 비행과 살인을 저질렀다. 이것이 바로 사탄이 죄인들을 불신앙의 상태에 두는 방법이다.

02 눈과 마음을 위로 향하고 기도하라.

마귀는 우리가 성질을 부리고 빈정거리며, 성마른 말을 내뱉고, 인내심을 잃도록 유혹한다. 마귀는 우리에게 육욕적인 동기를 가지라고 유혹한다. 그것이야말로 우리 마음에 있는 마귀의 강력한 동맹군이기 때문이다. 이때 우리는 그리스도께 돌아가야 한다. 우리에게는 성령으로 새로워진 헌신이 필요하다. 이때 눈과 마음을 위로 향하고 기도를 올리면, 우리의 원수를 거부하고 마침내 정복할 수 있을 것이다.

03 우리에게 원수의 능력을 제어할 권능이 있다.

사탄의 방법이나 영리한 책략이 무엇이든지, 사탄을 정복하신 예수님은 우리에게 원수의 모든 능력을 제어할 권능을 주셨고 우리를 해칠 자가 없으리라고 말씀하셨다. 우리는 원수가 가장 강력한 그곳에서 승리할 것이며, 원수의 모든 능력을 압도할 것이다.

내가 너희에게 뱀과 전갈을 밟으며 원수의 모든 능력을
제어할 권능을 주었으니 너희를 해칠 자가 결코 없으리라
누가복음 10장 19절

❀

너희가 무슨 일에든지 누구를 용서하면 나도 그리하고 내가 만일 용서한 일이 있으면 용서한
그것은 너희를 위하여 그리스도 앞에서 한 것이니 이는 우리로 사탄에게 속지 않게 하려 함
이라 우리는 그 계책을 알지 못하는 바가 아니로라 **고후 2:10,11**

믿음을 굳건히 하고
시험에 들지 않게 깨어 기도하라

원수의 계책을 파악하라

사탄의 공격에 노출된 상태와 상황이 있다. 우리는 이 부분을 불철주야 경계해야 한다. 마귀는 잔인하고 강한 적이다. 잠을 잊은 눈으로 마귀를 경계하는 것은 그리스도인의 의무일뿐 아니라 그리스도인의 삶의 본질이다. 마귀를 정복하는 일은 지옥으로부터 건짐을 받고 천국을 확실히 소유하는 것과 긴밀하게 연결된다. 마귀와의 싸움에서 경계하지 않고 게으름을 피우고 어리석은 짓을 하는 것은 실수를 저지르거나 경솔한 것보다 훨씬 더 심각하다. 이런 것들은 치명적인 패배, 곧 돌이킬 수 없는 영원한 '손실'을 초래한다.

사도 바울은 고린도교회에 보내는 편지에서 "우리는 그 계책을 알지 못하는 바가 아니로라"(고후 2:11)라고 선언함으로써 고린도의 형제들을 마귀와의 싸움에서 승자의 자리에 두었다. '무지'는 원수에게 노출된 상태이다. 우리가 마귀의 계책을 알지 못하면 마귀의 공격과 충격에 밤낮으로 노출될 수밖에 없다. 천국을 위한 싸움에서 마귀의 존재와 성격과 방법에 무지한 것은 치명적인 결과를 부르는 서곡序曲이다. 이것이 진실인데, 유혹에 무지할 뿐만 아니라 유혹하는 자의 존재를 무시하거나 부정하는 사람의 처지는 가히 절망적이다.

사탄의 큰 술책, 유혹의 걸작은 우리 안에 있는 사탄의 존재에 대한 믿음을 깨뜨리는 것이다. 하나님께서는 우리에게 사탄의 존재를 믿으라고 하신다. 마귀의 중대한 임무는 우리가 알고 있는 모든 영적 사실과 원칙과 인격체에 대한 지식을 뿌리 뽑는 것이다. 하나님과 마귀와 선과 악의 존재를 무시하거나 부정하는 사람은 궁극적인 구원을 가로막는 장벽을 세우게 되며 그 길에 있는 모든 노력들을 마비시킨다. 그리고 이런 무지와 부정은 마침내 그 사람의 손과 발을 결박하여 그가 부정하고 비웃던 무자비한 원수에게 넘겨버린다.

사탄과 사탄의 방법에 대한 무지보다 사탄의 일을 더 능수 능란하게 만드는 것은 없다. 우리가 마귀의 올무에서 벗어나려면 사탄의 존재 사실을 확고히 믿어야 하고, 사탄과 그의 계략에 대해서도 자세히 알아야 한다.

사탄을 가볍게 여기지 말라

사탄을 가볍게 여기는 태도는 '우리의 취약한 부분'과 긴밀하게 연관되어 있다. 사탄과 그의 역사役事와 사탄의 성격에 대한 경솔한 견해, 사탄을 하찮은 존재로 깔보는 경박한 잡담이나 농담들은 인생의 중대한 일과 심각한 싸움에 대한 일체의 진지한 생각들에 해害를 끼친다. 성경에 반하는 억측과 아집과 어리석음은 사탄과 관련된 이 중대한 관심사들을 경솔히 취급하는 사람들이 전형적으로 나타내는 특징이다.

사탄의 존재와 활동은 매우 중대하고 심각한 사안이다. 이 것은 가장 진지하게 고려하고 다뤄야 할 문제이며 오직 진지한 그리스도인만이 이 문제를 다룰 수 있다. 이런 이유로 신약 성경은 "깨어 있으라"고 반복해서 경고한다. 베드로는 "근신하라 깨어라 너희 대적 마귀가 우는 사자같이 두루 다니며 삼킬 자를 찾나니"(벧전 5:8)라고 강조했다.

영적인 것과 영적인 인격체를 소홀히 여기는 사람들을 엄중하게 취급한 유다의 진술 역시 우리가 강조하는 태도와 밀접하게 연관된다.

> 그러한데 꿈꾸는 이 사람들도 그와 같이 육체를 더럽히며 권위를 업신여기며 영광을 비방하는도다 천사장 미가엘이 모세의 시체에 관하여 마귀와 다투어 변론할 때에 감히 비방하는 판결을 내리지 못하고 다만 말하되 주께서 너를 꾸짖으시기를 원하노라 하였거늘 이 사람들은 무엇이든지 그 알지 못하는 것을 비방하는도다 또 그들은 이성 없는 짐승같이 본능으로 아는 그것으로 멸망하느니라
>
> 유 1:8-10

베드로 또한 비슷한 부류의 경박하고 불손한 사람들에 대해 이렇게 말했다.

> 특별히 육체를 따라 더러운 정욕 가운데서 행하며 주관하

는 이를 멸시하는 자들에게는 형벌할 줄 아시느니라 이들
은 당돌하고 자긍하며 떨지 않고 영광 있는 자들을 비방하
거니와 더 큰 힘과 능력을 가진 천사들도 주 앞에서 그들
을 거슬러 비방하는 고발을 하지 아니하느니라 그러나 이
사람들은 본래 잡혀 죽기 위하여 난 이성 없는 짐승 같아
서 그 알지 못하는 것을 비방하고 그들의 멸망 가운데서
멸망을 당하며 불의의 값으로 불의를 당하며 낮에 즐기고
노는 것을 기쁘게 여기는 자들이니 점과 흠이라 너희와 함
께 연회할 때에 그들의 속임수로 즐기고 놀며 벧후 2:10-13

사탄이 우리 마음에 넌지시 던지는 음흉한 암시를 무감각하
게 듣는 것은 실로 치명적이다. 하와의 실수가 바로 그랬다.
사탄의 혀는 기름처럼 부드럽고, 사탄의 말은 독처럼 퍼지며
염증을 일으킨다. 그러므로 우리는 장벽을 낮추지 말고, 문을
열어주지 말고, 낮은 곳에 가지도 말고, 바짝 긴장한 채 저항
하는 태도를 견지하며 전쟁을 위한 방비를 강화해야 한다. 사
탄에 대항해 장벽을 치고 울타리 안에 머무는 것이 유일한 안
전 방책이다.

용서하지 않는 영을 멀리하라

용서하지 않는 영靈은 마귀에게 홀리는 상태로 초대한다. 사탄이 가장 좋아하는 영역은 우리의 영이다. 우리의 영을 타락시키고 우리를 자극해 원한과 복수와 무자비함을 품게 하는 것은 사탄이 좋아하는 일이다. 또한 사탄이 가장 흔하게 쓰는 계책이자 성공을 거두는 계책이기도 하다. 사도 바울은 우리에게 사탄의 계획을 좌절시킬 만한 사탄의 계책을 폭로했다.

> 너희가 무슨 일에든지 누구를 용서하면 나도 그리하고 내가 만일 용서한 일이 있으면 용서한 그것은 너희를 위하여 그리스도 앞에서 한 것이니 이는 우리로 사탄에게 속지 않게 하려 함이라 우리는 그 계책을 알지 못하는 바가 아니로라 고후 2:10,11

사탄이 그리스도인 안에 용서하지 않는 영을 불어넣을 때, 사탄은 그 사람을 소유하며 자신의 활동 근거지로 삼는다. 그러면 그가 악하든 선하든 다른 이들에게 해를 입힌다. 때로는 매우 중대하고 세세한 부분까지 그 해가 미치기도 한다. 또한 그 사람이 우리에게 무의식적으로 부당하게 대할 수도 있지만 때로는 알면서도 부당하게 대한다. 우리가 부당한 처사에 불만을 품으면 무정한 심령이 우리를 소유하게 되며, 사탄은 즉각 주도권을 잡고 우리를 뒤흔들기 시작한다.

맹세하지 말라

먼저 우리 구세주께서 경고하신 대목을 살펴보자.

또 옛 사람에게 말한 바 헛맹세를 하지 말고 네 맹세한 것을 주께 지키라 하였다는 것을 너희가 들었으나 나는 너희에게 이르노니 도무지 맹세하지 말지니 하늘로도 하지 말라 이는 하나님의 보좌임이요 땅으로도 하지 말라 이는 하나님의 발등상임이요 예루살렘으로도 하지 말라 이는 큰 임금의 성임이요 네 머리로도 하지 말라 이는 네가 한 터럭도 희고 검게 할 수 없음이라 오직 너희 말은 옳다 옳다, 아니라 아니라 하라 이에서 지나는 것은 악으로부터 나느니라 마 5:33-37

우리 주님의 금지 명령은 말로 굳게 맹세하는 것을 금하는 것이다. 말에 거짓을 첨가하거나 하늘을 보증으로 세우는 것은 옳지 않다. 그런 것들이 우리를 사탄의 올무에 노출시키기 때문이다. 잠언은 "말이 많으면 허물을 면하기 어려우나 그 입술을 제어하는 자는 지혜가 있느니라"(잠 10:19)라고 말한다.

사탄은 우리가 한 말이 진리임을 확증하기 위해 우리에게 '단언'과 '선언'을 사용하라고 유혹한다. 우리가 우리 입으로 내뱉은 말의 진실성을 높이기 위해 덧붙일 때, 우리는 그 말들에 의해 사탄의 표적이 된다. 야고보 사도는 그리스도께서 하신 말씀에 도장을 찍으며 "내 형제들아 무엇보다도 맹세하지 말지니 하늘로나 땅으로나 아무 다른 것으로도 맹세하지 말고 오직 너희가 그렇다고 생각하는 것은 그렇다 하고 아니라고 생각하는 것은 아니라 하여 정죄받음을 면하라"(약 5:12)라고 경고했다. 사탄은 많은 말 안에 자신을 은폐하고 숨는다. 따라서 무슨 말을 하든지 단순명료하고 간결하고 진지해야 한다. 그러면 마귀의 계략을 훼방하고 좌절시킬 것이다.

이런 '장황함' 때문에 마귀가 우리를 믿음이 부족한 상태에 두는 것이 매우 쉬워지기도 한다. 우리가 자주 접하는 연설,

서론 가운데는 단조로운 것들이 꽤 많다. 그것들은 때때로 옳은 방향으로 진행되지만 문제의 핵심으로는 인도하지 못한다. 때때로 가나안으로 가려는 열의에 차서 출발했지만 하란에서 멈춘 데라처럼 눌러 앉는다(창 11:31 참조). 또 야곱처럼 벧엘이 아니라 세겜이 우리의 발걸음을 지체시키고 우리를 붙잡는다(창 35:1-6 참조).

과도한 열심을 주의하라

과도한 열심 또한 취약점이 될 수 있다. 우리 주변에는 히브리서 기자가 "이것이 없이는 아무도 주主를 보지 못하리라"(히 12:14)라고 말한 이것, 곧 거룩함을 얻기 위해 열심히 분투하는 그리스도인들이 많다. 그러나 사탄은 그 사람들이 조금 더 나아가게 미혹하여 그들의 열심을 교회의 분열을 일으키는 열정으로 퇴화시킨다.

이때 우리의 강함이 약함으로 퇴화하고, 엄정한 열심이 가혹함으로 변질된다. 온유함이 나약함으로 쇠퇴하고, 열정적인 활동이 경솔한 참견으로 바뀌고, 차분한 절제가 무분별한 묵인으로 변한다. 담대한 확신이 편협하고 독선적인 고집불

통으로 바뀌고, 타인의 확신에 대한 존중이 냉담한 무관심과 회의적 나태로 쇠퇴한다. 열렬한 신뢰가 억측과 오만에 빠지고, 신중한 지혜가 용렬함과 성급한 불안이 된다. 고백과 공언도 증발하여 건조한 의무가 되어버린다.

사탄은 우리가 최종 목표에 도달하지 못하도록 발목을 잡으려고 빈틈없이 경계한다. 혹은 반대로, 우리가 무언가에 사로잡혀 충동적으로 최종 목표 너머까지 내몰기 위해 역사한다. 사탄의 목표는 우리의 가장 확고한 태도를 공략해 가장 취약한 허점으로 변질시키는 것이다.

믿지 않는 자와 멍에를 함께 메지 말라

믿지 않는 사람과 비밀을 털어놓는 친밀한 관계 속에서 짝이 되면 우리의 위치가 사탄에게 노출되어 사탄은 유리한 고지를 차지한다. 믿지 않는 사람과 사업을 하거나 결혼을 통해 성스럽게 결합하는 것은 예수 그리스도를 믿는 신자들에게 매우 위험한 일이다.

너희는 믿지 않는 자와 멍에를 함께 메지 말라 의와 불법이 어찌 함께하며 빛과 어둠이 어찌 사귀며 그리스도와 벨리알이 어찌 조화되며 믿는 자와 믿지 않는 자가 어찌 상관하며 고후 6:14,15

여기서 바울은 사탄을 '벨리알'이라 칭했는데, "무가치하고 사악하고 경멸을 받을 만한 누군가"를 뜻한다. 그리스도와 벨리알은 합의 하에 연합할 수 없다. 그리스도와 벨리알 사이에는 멍에를 함께 메거나 친교를 나누거나 교감하거나 일치가 있을 수 없다. 믿는 사람이 믿지 않는 사람과 멍에를 함께 멜 때 얻을 수 있는 결과는 죄에 오염되어 더러워지는 것뿐이다. 이런 연합의 열매는 그리스도인의 영적 상태가 쇠약해지는 것뿐이다. 율법에서 소와 나귀에 멍에를 씌우는 것은 금지 사항이었다. 이처럼 성령 아래 그리스도와 사탄에게는 어떤 합의도 없다.

사탄과의 싸움에서 유리한 고지를 확보하려면 세상과의 분리, 정결, 완벽한 성결이 절대적으로 필요하다. 성경은 믿지 않는 사람들과의 친밀한 교제나 교감이나 연합에 명료하고도 강력하게 반대한다. 믿지 않는 사람과 멍에를 메는 그리스도인은 아무것도 끌지 못할 것이며, 아무것도 나누지 못하고, 교통하지 못하고, 교감하지도 못할 것이다. 그 어떤 친밀함이나 일치나 동의도 찾을 수 없을 것이다.

신약 주석가들은 앞서 언급한 고린도후서 말씀에서 바울이 매우 세련된 헬라어로 명령한 것을 발견했다. 그러나 우리는 이 구절에서 강렬하고도 심오한 확신의 불을 발견한다. 이 말씀은 일을 할 때나 기분전환을 할 때나 사교 활동을 할 때, 믿지 않는 세상과 친밀하게 연합하는 것을 자기부정自己否定의 자세로 삼가야 한다고 요구한다.

바울은 이 규칙을 고린도교회에 보낸 첫 번째 편지에서 자세히 설명했다.

> 내가 너희에게 쓴 편지에 음행하는 자들을 사귀지 말라 하였거니와 이 말은 이 세상의 음행하는 자들이나 탐하는 자들이나 속여 빼앗는 자들이나 우상 숭배하는 자들을 도무지 사귀지 말라 하는 것이 아니니 만일 그리하려면 너희가 세상 밖으로 나가야 할 것이라 이제 내가 너희에게 쓴 것은 만일 어떤 형제라 일컫는 자가 음행하거나 탐욕

을 부리거나 우상 숭배를 하거나 모욕하거나 술 취하거나

속여 빼앗거든 사귀지도 말고 그런 자와는 함께 먹지도

말라 함이라 고전 5:9-11

바울은 그리스도인들이 믿지 않는 사람들과 대화하고 친절을 베푸는 것에 반대하지는 않지만, 믿지 않는 사람들과 지속적으로 친밀한 관계를 유지하는 것에 반대한다.

한쪽을 포기하지 않으면 다른 쪽과 결합할 수 없다

야고보 사도는 이렇게 세속적 관계를 맺고 집착하는 것이 가장 신령한 관계를 가장 침해하는 취약한 태도(사탄의 공격을 받기 쉬운)라 정의하며 반대했다. 이런 연합에 의해 하나님과 맺은 혼인서약은 파기된다.

간음한 여인들아 '세상'과 벗된 것이 하나님과 원수 됨을

알지 못하느냐 그런즉 누구든지 세상과 벗이 되고자 하는

자는 스스로 하나님과 원수 되는 것이니라 약 4:4

알포드Dean Alford는 이 구절을 주해하며 이렇게 말했다.

'세상'의 의미는 하나님 없는 인간과 그 사람에게 있는 관심과 야망과 일을 뜻한다. 그리스도에 의해 세상에서 나온 사람들은 하나님과 반목하지 않고는 다시 세상에 속한 사람들과 친구나 그 조직의 동료가 될 수 없다. 하나님과 세상은 서로 대립한다. 그러므로 한쪽을 버리지 않고는 다른 쪽과 결합할 수 없다. 따라서 세상과 벗이 되고자 하는 사람, 그 길로 가기 위해 마음과 생각과 의지를 정한 사람은 하나님의 원수가 될 것을 작정해야 한다.

어쩌면 당신은 "하지만 제 혈육들이 하나님을 경외하든지 그렇지 않든지, 그들과는 친밀하게 지내야 하는 것 아닙니까?"라고 반문할는지 모른다. 가족 가운데 믿지 않는 사람이 있을 경우, 가족 관계를 변화시키기 위해 우리가 할 수 있는 일은 아무것도 없다. 당신이 결혼을 했다면 가족 중에서 당신과 좀 더 가까운 사람, 즉 당신의 배우자가 있을 것이다. 당신의 남편이나 아내가 믿지 않을 때, 당신은 좋을 때나 나쁠 때나 상대방을 받아들여야 하며 상대방을 위해 최선의 노력을 기울여야 한다. 하나님께서 두 사람이 연합하게 하셨으니 누구도 그 둘을 나눌 수 없다.

또한 부모들은 자녀와 매우 친밀하게 연결되어 있다. 아직 어린 자녀들과 떨어져 지내는 것은 옳지 않다. '마땅히 행할 길을 아이에게 가르치는 것'(잠 22:6)이 부모의 의무이기 때문이다. 그러나 자녀들이 성장하면 부모와 자녀의 관계는 변한다. 당신의 자녀가 믿지 않을 경우, 당신은 분별력을 발휘하여 자녀들과 얼마나 가까이 지낼지를 결정해야 한다.

자녀 또한 부모와 언제까지 함께 사는 것이 적절한지 결정해야 한다. 당신의 부모가 하나님을 믿지 않는다면, 적절한 시기에 부모를 떠나 독립하는 것이 좋다. 만약 형제자매가 믿지 않는다면 당신은 그들과 친밀하게 연합해야 할 의무가 없다. 물론 형제자매에게 다정하고 친절하게 대해야겠지만 일정 거리는 항상 유지해야 한다.

영적 간음을 피하라

'세상과 벗된 것이 하나님과 원수가 되는 것'이므로 천국에 이르는 유일한 길은 세상에 속한 사람들과의 친밀함을 피하는 것이다. 어떤 대가를 치르든지 영적 간음을 피하라! 세상과 짝하지 말라! 쾌락과 유익의 유혹이 아무리 거세더라도 세속적인 사람들과 교제하지 말라! 그리고 만일 세상에 속한 사람과 깊은 관계를 맺고 있다면 지체하지 말고 끊어라!

지금 당신의 삶은 위태롭다. 영원한 생명을 얻느냐, 영원한 죽음을 당하느냐 하는 기로에 놓여 있다. 한쪽 눈이나 한쪽 손만 가지고 천국에 들어가는 것이 온전한 눈이나 손을 가지고 지옥 불에 떨어지는 것보다 훨씬 더 낫지 않겠는가? 세상과 관계를 유지하고픈 유혹이 아무리 강렬해도 세상과 벗하지 말라! 이 세상이 당신의 형제자매에게 얼마나 무서운 영향을 끼치고 있는지 주변을 살펴 확인하라! 강인한 신앙의 소유자들이 세상 때문에 얼마나 많이 타락했는지 주목하라! 그들은 말씀의 경고에 주목하지 않고 세속적인 사람들과 교제하다 끝내 세상으로 다시 돌아가고 말았다.

아! 이 책을 읽는 모든 사람들이여! "그들 중에서 나와라!" (고후 6:17) 거룩하지 않은 사람들이 나빠 보이지 않더라도 그들에게서 나와라! 그리고 따로 있어라! 그들과 조금도 가깝게 지내지 말라! 당신의 사귐은 "아버지와 그의 아들 예수 그리스도와 더불어 누림"(요일 1:3)이니, 진실한 마음으로 주 예수 그리스도를 갈망하는 사람들과 교제하라! 오직 그런 사람들과 사귀어라! 그러면 당신은 매우 특별한 의미에서 하나님의 아들과 딸이 될 것이다.

> 내가 너희를 영접하여 너희에게 아버지가 되고 너희는 내게 자녀가 되리라 전능하신 주의 말씀이니라 고후 6:17,18

사탄이 우리를 얼마나 철저하게 포위하고 있는지! 사탄이 우리를 얼마나 강하게 붙잡고 있는지! 세상과 벗이 되게 미혹하면서 우리를 얼마나 결박하고 구속하고 혼란스럽게 하는지! 오늘의 그리스도인 가운데 세상에 속한 사람들이 마귀의 품에 있는 것도 모르고 달콤하게 교제하고 끌어안고 그들의 충고를 경청하는 이들이 얼마나 많은지!

단순한 대답

우리 믿음에서 진실함이 사라진다면 사탄에 대한 방어력이 매우 약해질 것이다.

> 내가 하나님의 열심으로 너희를 위하여 열심을 내노니 내
> 가 너희를 정결한 처녀로 한 남편인 그리스도께 드리려고
> 중매함이로다 그러나 나는 뱀이 그 간계로 하와를 미혹한
> 것같이 너희 마음이 그리스도를 향하는 진실함과 깨끗함
> 에서 떠나 부패할까 두려워하노라 고후 11:2,3

바울은 사탄을 옛적에 행하던 기만 업무를 수행하느라 여전
히 바쁜 뱀으로 인식했다. 사탄이 속임수에 워낙 능하고 성공
확률도 높기 때문에 바울은 마음이 편하지 않았다. 금지된 열
매를 맛본 것이 하와에게 치명적인 결과를 가져온 것처럼 진
실함의 결여가 고린도교회 교인들의 믿음과 정결함에 치명적
일 수 있었다. 진실함을 잃는 것은 작은 것을 잃는 것처럼 보
이지만, 실은 모든 것을 잃는 중대한 문제이다.

육신을 훈련하라
마지막으로, 우리가 육신肉身을 훈련하지 않을 때 사탄의 공

격에 노출된다는 것을 강조하고 싶다. 우리는 악의 없는 자연적인 욕망과 격정조차도 재갈과 고삐를 물려 억제해야 한다. 바울은 자신의 몸을 훈련하지 않을 때, 자신도 사도의 직분에서 두려운 배교의 수렁으로 내쳐질 수 있음을 잘 알고 있었다. 때문에 바울은 "내가 내 몸을 쳐 복종하게 함은 내가 남에게 전파한 후에 자신이 도리어 버림을 당할까 두려워함이로다"(고전 9:27)라고 고백했다.

바울은 이 구절에서 자신의 육신에 관해 두 가지 표현을 사용했다. 하나는 "쳐"이고 다른 하나는 "복종하게 함"이다. 친다는 것은 얼굴의 눈 밑 부분을 가격하는 것을 말한다. 어떤 것이 심한 가격을 당해 억제되고 눌리면 그 힘은 부서진다. 그리고 복종하게 한다는 것은 "노예로 만들다, 가혹하게 다루다, 엄격하고 험한 훈련을 받게 하다"는 의미이다. 사도 바울은 육신을 천국을 향한 싸움의 중요한 요소로 간주하고, 우리가 강하게 육신을 훈련하지 않으면, 사탄이 공격하기 쉬운 먹이가 될 거라고 가르친다.

베드로 또한 우리에게 동일한 지침을 준다.

근신하라 깨어라 너희 대적 마귀가 우는 사자같이 두루

다니며 삼킬 자를 찾나니 너희는 믿음을 굳건하게 하여

그를 대적하라 이는 세상에 있는 너희 형제들도 동일한

고난을 당하는 줄을 앎이라 벧전 5:8,9

노곤하고, 나른하고, 졸리고, 둔한 상태는 저항이나 항복의
체면치레도 허락하지 않은 채 우리를 곧장 사탄의 권세 아래
로 데려간다. 졸음을 이기지 못해 인사불성이 된 제자들에게
그리스도께서 무어라 명하셨는지 기억하라!

시험에 들지 않게 깨어 기도하라 마음에는 원이로되 육신

이 약하도다 마 26:41

01 원수의 공격을 불철주야 경계하라.

우리는 사탄의 공격에 노출된 상태와 상황을 불철주야 경계해야 한다. 잠을 잊은 눈으로 마귀를 경계하는 것은 그리스도인의 의무일 뿐 아니라 그리스도인의 삶의 본질이다. 마귀를 정복하는 일은 지옥으로부터 건짐을 받고 천국을 확실히 소유하는 것과 긴밀하게 연결된다. 마귀와의 싸움에서 경계하지 않고 게으름을 피우고 어리석은 짓을 한다면, 돌이킬 수 없는 영원한 '손실'을 초래한다.

02 용서하지 않으면 주도권을 빼앗긴다.

사탄이 그리스도인 안에 용서하지 않는 영을 일으킬 때, 사탄은 그 사람을 소유하고 활동 근거로 삼는다. 그러면 그가 악하든 선하든 간에 다른 이들에게 해를 입힌다. 때로는 매우 중대하고 세세한 부분까지 그 해가 미치기도 한다. 그런데 우리가 부당한 처사에 불만을 품으면 무정한 심령이 우리를 소유하게 되며, 사탄은 즉시 주도권을 잡고 우리를 뒤흔들기 시작한다.

03 육신을 훈련하지 않으면 원수의 공격 대상이 된다.

우리가 육신肉身을 훈련하지 않을 때, 사탄의 공격에 노출된다. 우리는 악의 없는 욕망조차 재갈과 고삐를 물려 억제해야 한다. 사도 바울은 육신을 천국을 향한 싸움의 중요한 요소로 간주하고, 우리가 강하게 육신을 훈련하지 않으면 사탄이 공격하기 쉬운 먹이가 될 것이라고 가르친다.

시험에 들지 않게 깨어 기도하라
마음에는 원이로되 육신이 약하도다
마태복음 26장 41절

✽
미쁘다 이 말이여, 곧 사람이 감독의 직분을 얻으려 함은 선한 일을 사모하는 것이라 함이로다 그러므로 감독은 책망할 것이 없으며 한 아내의 남편이 되며 절제하며 신중하며 단정하며 나그네를 대접하며 가르치기를 잘하며 술을 즐기지 아니하며 구타하지 아니하며 오직 관용하며 다투지 아니하며 돈을 사랑하지 아니하며 자기 집을 잘 다스려 자녀들로 모든 공손함으로 복종하게 하는 자라야 할지며 … 새로 입교한 자도 말지니 교만하여져서 마귀를 정죄하는 그 정죄에 빠질까 함이요 또한 외인에게서도 선한 증거를 얻은 자라야 할지니 비방과 마귀의 올무에 빠질까 염려하라 딤전 3:1-4,6,7

Guide to Spiritual Warfare

10

영적 여정을 멈추지 말고
푯대를 향해 계속 나아가라

지도자의 자격

디모데전서의 이 말씀은 교회에 활동적이고 공적인 지도자를 세우는 일과 관련해 두 가지 진술을 하고 있다. 첫째 진술은 새 신자를 지도자 자리에 세우는 것을 금하고 있다.

> 새로 입교한 자도 말지니 교만하여져서 마귀를 정죄하는
> 그 정죄에 빠질까 함이요 딤전 3:6

성숙하지 못한 신자를 영적 지도자로 세우면 그 사람이 교만해질 우려가 있다. 교회에 온 지 얼마 되지 않은 사람을 높

은 자리에 앉힐 때, 그 사람은 교만으로 인해 마귀가 받은 것
과 똑같은 징죄를 받게 된다. 디모데전서의 이 구절은 교회가
보편적으로 받아들이고 있는 견해, 즉 마귀가 교만으로 인해
타락했다는 견해를 확인해준다. 새 신자들은 훈련을 통해 성
숙해지고 나서 전면에 나서야 한다. 뒤로 물러나 있는 것이 앞
에 나서는 것보다 더 큰 덕일 뿐 아니라 더 무거운 십자가를
지는 것이다. '전면'이라는 것은 성숙하지 못한 믿음을 가진
사람들이 믿음을 지키기 위한 안전한 장소가 되지 못한다.

평판에 문제가 있는 사람들이 교회 지도자 위치에 오르거
나 공적 업무를 담당한다면, 그 사람은 덕이 되지 못하는 행
위를 통해 마귀에게 도움을 주고 마귀가 교회를 비방하도록
만든다.

또한 외인에게서도 선한 증거를 얻은 자라야 할지니 비방
과 마귀의 올무에 빠질까 염려하라 딤전 3:7

반면 성품이 훌륭하고 평판에 흠이 없는 사람을 교회 지도
자로 세우면 마귀는 입을 다물 수밖에 없다. 이때 마귀의 성과

는 깎이고, 마귀의 일은 둔화된다. 그러므로 우리는 새 신자나 평판에 문제가 있는 사람을 교회 지도자로 세우는 것으로 이 두 가지 원칙을 위반하지 않도록 주의해야 한다. 혹시 우리가 이런 과실을 범할 때, 새 신자를 불편한 자리에 앉히게 될 것이며, 평판이 좋지 않은 지도자가 교회에 끼치는 영향이 증대될 것이다. 그럼으로써 교회 전체를 사탄의 공격에 노출시키고 그리스도의 군대를 위태로운 지경에 빠뜨릴 것이다.

교회 지도자는 삶의 세세한 모습들이 교회 모든 사람들에게 명백히 드러나므로 경건해야 마땅하다. 이런 이유로 교회 지도자는 어느 정도 나이가 있는 것이 좋으며 다른 사람들보다 앞선 건전한 믿음과 사랑과 온전함을 지녀야 한다.

성령의 은사를 받고 지혜롭고 진지하며 흠 없는 지도자는 교회를 강하게 할 것이며 전투의 날에 승리를 안겨줄 것이다. 반면에 교회의 지도자 자리에 오른 새 신자는 자신을 사탄의 공격에 노출시키는 상황을 초래할 것이다. 그러므로 모든 교회는 새 신자들을 보호하고 양육한 후에 책임을 맡겨야 한다.

교회 안에 있는 젊은 미망인 또한 사탄의 공격에 취약한 상태에 있다. 슬픔에 압도된 미망인을 공략할 기회를 얻기 위해 사탄이 언제나 주시하고 있기 때문이다. 바울은 사탄이 때때로 사용하는 함정을 잘 알고 있었다. 바울은 그 분별력으로, 애정을 가지고 솔직하게 말했다.

참 과부인 과부를 존대하라 만일 어떤 과부에게 자녀나 손자들이 있거든 그들로 먼저 자기 집에서 효를 행하여 부모에게 보답하기를 배우게 하라 이것이 하나님 앞에 받으실 만한 것이니라 참 과부로서 외로운 자는 하나님께 소망을 두어 주야로 항상 간구와 기도를 하거니와 향락을 좋아하는 자는 살았으나 죽었느니라 … 젊은 과부는 올리지 말지니 이는 정욕으로 그리스도를 배반할 때에 시집가고자 함이니 처음 믿음을 저버렸으므로 정죄를 받느니라 또 그들은 게으름을 익혀 집집으로 돌아다니고 게으를 뿐 아니라 쓸데없는 말을 하며 일을 만들며 마땅히 아니할 말을 하나니 그러므로 젊은이는 시집가서 아이를 낳고 집을 다스리고 대적에게 비방할 기회를 조금도 주지 말기를 원하노라 이미 사탄에게 돌아간 자들도 있도다 딤전 5:3-6 ; 11-15

이 충고는 젊은 과부들이 슬픔을 덜 수 있게 도와줄 뿐 아니라 그들 마음과 손이 감미롭고 성스러운 책임이 가득해지는 경지로 데려간다. 바울의 권고를 따르는 자들은 시간과 마음을 유익하게 쓸 수 있다. 사탄은 가정과 나라와 미래의 교회를 돌보는 거룩한 과업으로 충만해진 사람들을 공략하는 데 매우 애를 먹는다.

정욕을 정복하라

사람에게는 성경이 '정욕'情慾이라 칭하는 강한 자연적 욕구가 있다. 성경은 이것을 "육체의 정욕"(벧후 2:18), "안목의 정욕"(요일 2:16), "이 세상 정욕"(딛 2:12), "사람의 정욕"(벧전 4:2)이라 일컫는다. 이것은 우리의 마음이 자연적으로 아우성치는 감각의 갈망이다. 정욕은 내적 유혹의 기초를 형성한다. 어떤 순결한 사람이 마귀의 유혹에 잘 굴하지 않더라도, 교활하고 강력한 유혹자 마귀는 그 사람을 유혹해 곁길로 빠뜨릴 수 있다. 그 사람의 정욕이 사탄의 음흉한 유혹의 기초를 형성하고 그것에 토대를 제공하는 것이 일반적이기 때문이다.

야고보 사도는 전반적인 과정을 이렇게 기술했다.

> 사람이 시험을 받을 때에 내가 하나님께 시험을 받는다
> 하지 말지니 하나님은 악에게 시험을 받시도 아니하시고
> 친히 아무도 시험하지 아니하시느니라 오직 각 사람이 시
> 험을 받는 것은 자기 욕심에 '끌려 미혹됨'이니 욕심이 잉
> 태한즉 죄를 낳고 죄가 장성한즉 사망을 낳느니라 약 1:13-15

여기서 '끌려'라는 말은 "미끼를 내밀어 꾀어들이다"라는 의미의 수동형이다. 이것은 사냥이나 낚시로부터 나온 은유이다. 사냥감이 미끼에 끌려 숲에서 나오는 것처럼 사람이 정욕에 끌려 자제의 안전지대에서 죄로 나아가는 것이다. '미혹됨'이라는 단어는 "미끼로 포획하다"는 뜻의 수동형이다.

성경은 정욕을 버리라고 한다. 정욕 뒤에 사탄과 세상이 도사리고 있기 때문이다. 복음은 정욕을 부인하는 훈련소이다.

> 모든 사람에게 구원을 주시는 하나님의 은혜가 나타나 우
> 리를 양육하시되 경건하지 않은 것과 이 세상 정욕을 다
> 버리고 신중함과 의로움과 경건함으로 이 세상에 살고
> 딛 2:11,12

디도서의 이 엄숙한 선언은 유보 조건이나 속임수가 없다. 이것은 명령적 요구와 법적 조항의 효력을 가진 선언적 진술이다.

베드로 사도는 그리스도께서 하신 일을 우리가 정욕을 무너뜨림으로써 본받아야 할 모범으로 묘사했다.

> 그리스도께서 이미 육체의 고난을 받으셨으니 너희도 같은 마음으로 갑옷을 삼으라 이는 육체의 고난을 받은 자는 죄를 그쳤음이니 그 후로는 다시 사람의 정욕을 따르지 않고 하나님의 뜻을 따라 육체의 남은 때를 살게 하려 함이라 벧전 4:1,2

이 말씀은 정욕이 하나님의 뜻에 반한다고 가르친다. 그러므로 우리가 정욕에 굴복하면서 하나님께 순종하는 것은 불가능하다. 그 누구도 두 주인을 동시에 섬길 수는 없다. 정욕은 타락의 기초이자 근원이다. 인간의 정욕은 영혼에 맞서 싸운다. 우리는 옛 사람을 버리고 새 사람이 되어야 마땅하다.

너희는 유혹의 욕심을 따라 썩어져가는 구습을 따르는 옛

사람을 벗어버리고 오직 너희의 심령이 새롭게 되어 하나

님을 따라 의와 진리의 거룩함으로 지으심을 받은 새 사

람을 입으라 엡 4:22-24

정욕의 잔해까지 십자가에 못 박아라

사탄과의 전쟁은 정욕과 관련된다. 감각적인 쾌락을 추구하는 정욕은 우리가 그리스도께 돌아올 때 완전히 파괴되지 않는다. 우리가 죄의 길에서 돌이켜 그리스도께 나아갈 때 정욕은 힘을 잃지만 그 잔해, 곧 뿌리는 여전히 남는다. 마치 나무가 잘려나가도 그루터기가 남는 것처럼 여전히 살아서 많은 싹을 틔운다. 그러므로 정욕의 싹을 그냥 내버려둔다면, 그 싹이 사탄의 역사를 도울 것이다.

이런 정욕의 잔해를 마음에 두고도 만족하는 사람은 내적 갈등을 겪을 것이다. 죄와 죄의 성향을 우리 마음에 계속해서 남겨두는 것은 실로 치명적이다. 이스라엘 백성들이 가나안 족속을 그 땅에 남겨놓은 것이 이스라엘의 신앙과 평화와 번영에 치명적인 결과를 가져온 것처럼 천국으로 향하는 우리 삶에 치명적인 결과를 초래한다. 하나님께서는 이스라엘에게 가나안 족속들을 남김없이 멸절하라고 명령하셨다. 그런데 이스라엘이 이 명령을 준행하지 않아서 엄청난 재난과 화를 당했다.

우리 마음에 남아 있는 정욕의 잔해가 무엇이든지 간에, 충치의 잔해가 치통을 유발하는 것처럼 정욕은 우리를 마귀의 공격에 노출시키는 조건이 된다. 그래서 사도 바울은 "너희가 육신대로 살면 반드시 죽을 것이로되 영으로서 몸의 행실을 죽이면 살리니"(롬 8:13)라고 도전했으며, "그리스도 예수의 사람들은 육체와 함께 그 정욕과 탐심을 십자가에 못 박았느니라"(갈 5:24)라고 말했다. 성경에서 '정욕'은 격렬한 정욕과 욕구가 활개 치는 세상을 포함하는 넓은 의미로 사용된다. '탐심'의 격렬한 작용은 영혼의 중한 질병이 아니더라도 그것을 일으키는 조건이 된다.

정욕은 격정에 기인하며 격정에 의해 자양분을 공급받는다. 정욕은 육체와 동일한 형벌을 받아 마땅하다. 다시 말해 이 모든 것, 곧 정욕과 탐심과 육체를 십자가에 못 박아야 마땅하다. 이렇게 해야 그리스도인들이 마귀의 공격에 저항하기 위한 최상의 조건이 될 것이다. 우리 마음에 정욕이 남아 있는한, 우리는 무장을 하다만 채 마귀의 공격에 노출될 것이다.

영적 성장의 정체

그리스도인들의 영적 여정에서 낮은 목표를 설정하는 것과 현 상태에 만족하는 것 또한 그리스도인들을 마귀의 공격에 노출시키는 조건이 된다. 물론 마귀가 고원과 산악 같은 영적 고지高地를 찾아갈 수도 있지만, 마귀는 주로 영적 저지대를 활동 본거지로 삼는다. 마귀는 가장 강인하고 성숙한 신앙의 거인巨人들도 공격하지만, 대체로 영적 유아기에 있는 그리스도인들이 새근새근 잠을 자는 요람을 부수고 전리품을 챙긴다. 그리스도인들이 안전을 확보하는 유일한 길은 영적으로 높은 목표를 설정하고 열심히 노력하며 지속적으로 성장하는 것이다.

그리스도인들이 영적으로 낮은 목표를 설정하고 현재의 결과에 만족하는 곳에서 사탄은 주된 승리를 얻는다. 영적으로 확실하게 발전하며 성장하는 것만이 사탄의 공격과 기습으로부터 우리를 지키는 가장 믿을 만한 안전장치이다. 지속적으로 성장하는 그리스도인의 눈은 항상 열려 있고, 심령이 강하다. 그는 꾸벅꾸벅 졸거나 피곤해하거나 쉽게 약해지지 않는다. 성장하는 그리스도인은 이 중요한 싸움에서 앞을 향해, 위를 향해 함성을 지른다. 지속적으로 성장하며 전진하는 그리스도인은 마귀와의 싸움에서 철갑을 입는다. 이스라엘은 가나안을 소유하지 못하고 가나안을 잃었다. 우리가 지속적으로 성장하며 전진하지 않을 때, 사탄은 유리한 거점을 확보할 것이다.

히브리서 기자는 "완전한 데로 나아갈지니라!"(히 6:2)라고 나팔을 불었을 때 교회를 일으키기 원했다. 히브리서의 수신자는 단단한 음식 대신 젖을 먹고 어린이들처럼 굴며 호사를 부리면서 그리스도인 특유한 활력과 전투 능력을 상실한 상태였다. 그래서 히브리서 기자는 그들을 위해 목표와 표준을 제시했다. 사실 히브리서 기자가 제시한 목표지점은 저 멀리 앞에 있는 것이었다. 그러나 그것은 그들의 발걸음을 지연시키고 있는 지점만큼이나 실제적이고 현실적인 것이었다. 그들은 요람 밖으로 나와, 육아실을 떠나 강인함과 싸움과 위풍당당한 성숙함의 완전을 향해 전진하라는 부름을 받았다.

한 유명한 작가는 존 웨슬리에 대해 "그는 신학적 정치가 가운데 으뜸이다!"라고 말했다. 사실 이 말 자체로는 대단한 칭찬은 아니다. 그러나 웨슬리가 하나님의 확실한 비전을 소유한 사람으로 영적인 것들을 지각했다는 점에서 작가는 그를 칭송했다. 이는 웨슬리가 성경의 나팔소리를 다시 울려 모든 가락과 후렴구로 힘차게 불었다는 사실에 의해 명확해진다. 그는 주저앉아 있던 당시 교회가 앞을 향해 나아가도록 일으키고, 당시의 그리스도인들이 발전된 곳을 향해 나아가도록 불을 붙이기 위해 분투했다. 영적 성장을 향한 갈망이 그들의 체험에서 사라졌고 또 그것이 그들의 소망과 신조 밖으로 떠났기 때문이다.

하나님께서는 우리 심령 안에 믿음을 시작하신다. 이 시작은 참으로 영광스러운 것이다. 그러나 우리가 믿음의 시작에 만족하고 그저 앉아 있으면, 성장 가능성을 스스로 박탈하게 되며 우리 자신을 사탄의 공격에 무방비로 전면 노출하게 된다. 그리고 결국 우리는 사탄의 먹이가 된다.

우리의 영적 보화를 날로 더하는 것은 그리스도인의 삶의 견실함을 위한 필수 조건이다. 이 견실함을 확보하고 유지할 때 우리는 사탄을 압도하여 승리할 수 있다. 우리 믿음이 정체 상태에 놓이면 우리는 믿음을 잃게 된다. 회개를 체험하고 천국 여정을 시작한 바로 그 지점에 텐트를 치고 계속 유숙하는 것은 우리를 영적으로 쇄신시키는 은혜를 스스로 걷어차는 것이다. 전진의 정거장 어딘가에서 멈추는 것은 퇴보하는 것이다. 오늘날 대부분의 그리스도인들에게 있는 약점은 목표를 꼭 붙들려는 결단이 결여되어 있다는 점이다. 우리는 잠깐 있다가 사라질 현세에서 성공을 거두기 위해 어떤 대가라도 기꺼이 지불한다. 그러나 영적 성공을 위해 치르는 대가가 훨씬 더 귀한 보상을 준다는 것을 결코 잊어서는 안 된다.

유아기적 그리스도인

오늘의 그리스도인들에게서 발견되는 두드러진 경향의 하나는 영적으로 다시 태어난 것에 만족한 채 영적 유아의 상태로 죽으려고 한다는 점이다. 그런 점에서, 젖니가 나는 시기는 영적인 아기들에게 많은 위험이 도사리고 있다. 이스라엘의 큰 죄는 가나안 어귀에서 머뭇거릴 뿐, 그 땅을 소유하기 위해 나아가지 않았다는 것이다. 그리고 마침내 그들이 가나안에 들어갔을 때, 가나안 입성의 경이로운 영광은 그들의 무기력하고 소심한 전진에 의해 축소되었다.

성장이 없는 상태, 마귀와의 전투가 없는 상태에 그대로 머무르는 것은 우리를 마귀의 공격에 완전히 노출시키는 위험한 태도이다. 많은 그리스도인들이 처음에는 잘 달리고 잘 싸우다가 어느 지점에 이르면 달음박질과 싸움을 갑자기 중단한다. 이런 일이 발생하면 영적 성장은 중단되고 마귀가 즉각 행동을 개시하여 손쉽게 승리를 챙긴다.

이보다 더 중요한 문제는 영적 성장의 중단이 영적인 삶의 시작 단계에서 발생할 수 있다는 점이다. 영적 삶의 초기 단계의 감격과 승리가 발전을 저지하고 정체를 초래할 수 있다. 이런 비극은 요람을 치우기도 전에, 이제 막 걸음마를 시작한 아기 그리스도인들이 불안하게 휘청거리며 발걸음을 떼는 동안에 발생할 수 있다.

사도 바울이 고린도교회 교인들을 "그리스도 안에서 어린 아이들"(고전 3:1)이라 칭한 것은 사실에 근거한다. 당시 고린도교회 교인들의 나이가 어려서가 아니라, 그들이 성도의 본분을 망각하고 육욕으로 돌아갔고 성결함과 힘을 상실했기 때문이다. 그들의 중한 죄와 퇴보는 그들이 어린아이들 같았다는 점이다. 그들이 어린아이로 신앙생활을 시작했다는 것이 아니라 그들의 신앙이 여전히 아이 상태에 머물러 있었다는 점이다. 이런 어린아이들의 그리스도교가 오늘날 대중들에게 인기를 얻고 있다. 어린아이 상태로 신앙생활을 시작하는 것은 당연하지만, 어떤 그리스도인이 40년간 아이의 모습 그대로라면 그것은 끔찍한 기형이다.

영적 정체는 때때로 높은 영적 단계에 도달한 성도에게 일어나기도 한다. 회심 이후에 영적으로 강력한 세례를 받은 사람들 가운데 이런 발전의 후반부 어딘가에서 단단한 결정結晶으로 굳어지는 이들이 더러 있다는 것은 명백한 사실이다. 그러나 그들보다 훨씬 더 많은 설교자들과 신자들이 구원의 초기 체험 주변 어딘가에서 결정으로 굳어진다. 성숙함에 도달했지만 미라처럼 딱딱하게 굳어버린 그리스도인들이 있을 수 있다. 그러나 발육부진의 요람 상태에서 석화石化된 그리스도인들의 수는 셀 수 없이 많다.

실체 없는 성화

영적 정체는 구원의 시작 단계에서만 제한적으로 발생하는 현상이 아니다. 영적 발전의 열정이 싸늘하게 식어버리고 그 발걸음이 중단되는 일이 영적 발전의 가장 높은 단계에서 발생할 수 있기 때문이다. 많은 그리스도인들이 영적으로 눈부신 발전을 이루거나 높은 경지에 오르기 위해 지나치게 열중한 나머지 아름답고 높은 경지에 넋을 빼앗긴다. 그래서 그들은 존 번연의 《천로역정》에 등장하는 어리석은 사람처럼 천국을 향한 여정 어딘가에서 스스로를 달래 달콤한 잠에 빠지며, 열정을 잃고, 자기들이 열정을 상실했다는 것조차 의식하지 못하게 된다. 그들은 지칠 줄 모르는 발걸음으로 천국을 향해 전진하는 대신, 자신들의 미래를 자신들의 상상으로 뒤덮어 버린다. 그들의 마음은 높은 영적 단계에 도달한 자신들의 모습에 대한 환영으로 가득 차 있지만, 그들은 자신들이 뒷걸음질을 치고 있으며 자신들이 다시 골짜기에 돌아와 있다는 것을 깨닫지 못한다. 그들은 이 상태로 매우 행복해한다. 그래서 그들이 정신을 차리도록 일깨우기가 거의 불가능해진다.

홍해에서 구원을 체험한 후에 약속의 땅까지 가려면 피곤하고 고생스러운 발걸음을 수없이 떼야 한다는 것을 그들에게 이해시키기란 무척 어렵다. 심지어 갖은 고생을 하며 광야를 지난 뒤에도, 요단강이 쩍 갈라진 뒤에도, 그들의 발이 가나안 의 성별된 흙을 밟은 뒤에도 많은 전투를 치러야 한다는 것을 그들에게 이해시키는 것은 어려운 일이다. 젖과 꿀이 흐르는 땅을 온전히 소유하려면 수많은 적들을 무찔러야 한다는 것 을 그들에게 이해시키는 것은 더 어렵다.

그리스도인들이 성화聖化를 노래하고 외치는 것은 좋은 일 이다. 그러나 그것이 행군하고 싸우는 믿음과 결합되지 않는 다면 그 자체를 허깨비처럼 실체가 없고, 광야처럼 메마른 것 으로 노래하고 소리치게 될 것이다.

> 형제들아 나는 아직 내가 잡은 줄로 여기지 아니하고 오
> 직 한 일 즉 뒤에 있는 것은 잊어버리고 앞에 있는 것을
> 잡으려고 푯대를 향하여 그리스도 예수 안에서 하나님이
> 위에서 부르신 부름의 상을 위하여 달려가노라 빌 3:13,14

이것이 바로 하나님께서 우리에게 원하시는 여정이다. 그러

므로 우리는 이 과정을 밟아야 하며, 이 과정에서 더 많은 것을 얻음으로써 이미 얻은 것들을 꼭 붙잡아야 할 것이다.

바울의 생애는 놀랍기 그지없지만 복잡하지 않고 단순했다. 바울은 자신의 생애를 '싸우기, 달리기, 경계'로 요약했다. 이것이 바로 지속적인 발전의 세 가지 요소이다. 오늘날 많은 그리스도인들이 앞선 전투의 부분적인 승리의 감격으로 비롯된 '일시적 싸움 중단'이라는 사기를 꺾는 악영향에 의해 수많은 전투에서 패하고 있다. 절반의 승리로 얻은 전리품들이 땅을 뒤덮고 있을 때 자기 위치를 지키며 행군을 지속하기가 쉽지 않은 탓이리라. 하늘 아래 영적 정체의 위험과 사탄의 공격으로부터 안전한 곳은 도무지 없다. 우리가 천국 문에 이를 때까지 우리의 발걸음이 전진을 위한 경계와 투쟁이 되어야 한다.

영적 발전이 정체되는 현상은 그리스도인의 초기 단계이든 발전 단계이든 간에 우리를 마귀의 공격에 노출시킨다. 영적 미성숙은 언제나 우리를 사탄의 공격에 취약한 자리에 둔다.

01 대적에게 비방할 기회를 제공하지 말라.

교회 지도자를 세울 때에는 자격 요건이 필요하다. 만약 평판에 문제가 있는 사람들이 교회 지도자 위치에 오르거나 공적 업무를 담당한다면, 그 사람의 덕이 되지 못하는 행위 때문에 교회를 비방할 기회를 원수에게 제공하는 셈이다. 반면 성품이 훌륭하고 평판에 문제가 없는 사람을 교회 지도자로 세우면 마귀는 입을 다물 수밖에 없다.

02 정욕의 잔해까지 뿌리 뽑으라.

정욕의 잔해를 마음에 두고도 만족하는 사람은 내적 갈등을 겪을 것이다. 죄와 죄의 성향을 우리 마음에 계속 남겨두는 것은 실로 치명적이다. 우리가 정욕에 굴복하면서 하나님께 순종하는 것은 불가능하다. 두 주인을 동시에 섬길 수는 없다. 정욕은 타락의 기초이자 근원이다. 우리는 옛 사람을 버리고 새 사람이 되어야 마땅하다. 우리 마음에 정욕이 남아 있는 한, 우리는 무장을 하다만 채 마귀의 공격에 노출될 것이다.

03 유아기적 그리스도인에서 벗어나라.

성장이 없는 상태, 마귀와의 전투가 없는 상태에 그대로 머무르는 것은 우리를 마귀의 공격에 완전히 노출시키는 위험한 태도이다. 많은 그리스도인들이 처음에는 잘 달리고 잘 싸우다가 어느 지점에 이르면 달음박질과 싸움을 갑자기 중단한다. 이런 일이 발생하면 영적 성장은 중단되고 마귀가 즉각 행동을 개시하여 손쉽게 승리를 챙긴다. 영적 미성숙은 언제나 우리를 사탄의 공격에 취약한 자리에 둔다.

풋대를 향하여 그리스도 예수 안에서
하나님이 위에서 부르신 부름의 상을 위하여 달려가노라
빌립보서 3장 14절

✤

사데교회의 사자에게 편지하라 하나님의 일곱 영과 일곱 별을 가지신 이가 이르시되 내가 네 행위를 아노니 네가 살았다 하는 이름은 가졌으나 죽은 자로다 너는 일깨어 그 남은 바 죽게 된 것을 굳건하게 하라 내 하나님 앞에 네 행위의 온전한 것을 찾지 못하였노니 그러므로 네 가 어떻게 받았으며 어떻게 들었는지 생각하고 지켜 회개하라 만일 일깨지 아니하면 내가 도둑같이 이르리니 어느 때에 네게 이를는지 네가 알지 못하리라 그러나 사데에 그 옷을 더럽 히지 아니한 자 몇 명이 네게 있어 흰 옷을 입고 나와 함께 다니리니 그들은 합당한 자인 연고라 이기는 자는 이와 같이 흰 옷을 입을 것이요 내가 그 이름을 생명책에서 결코 지우지 아니하고 그 이름을 내 아버지 앞과 그의 천사들 앞에서 시인하리라 계 3:1-5

기도는 원수를 이기는
가장 강력한 무기이다

원수에게 틈을 주지 말라

원수 마귀에게 여지를 주지 말라! 한순간도 원수에게서 한눈을 팔지 말라! 마귀를 위한 시간과 장소를 제공하지 말라! 우리의 얼빠진 상태는 마귀를 초대한다. 마귀는 우리 마음의 진공 상태를 좋아한다. 마귀는 매우 바쁘며, 아무 일도 하지 않는 사람들을 미혹하여 자신의 가장 중요한 일을 한다.

사도 바울은 에베소교회 교인들에게 "마귀에게 틈을 주지 말라"(엡 4:27)라고 명했다. 마귀에게 틈을 허락하지 말라! 마귀에게 공간을 허락하지 말라! 당신 삶의 모든 공간을 당신이 선점하여 마귀가 들어오지 못하게 하라! 마귀의 코, 머리, 모든 것들의 출입을 금지시켜라! 마귀에게 작은 것을 양보하면 마귀가 실로 큰 것을 앗아갈 것이다.

원수에게 틈을 주지 말라! 사도 바울은 우리가 분을 내는 것이 마귀가 활동할 여지를 준다는 사실을 가르쳤다. 우리가 우리 자신을 악한 격정과 방종에 맡길 때, 마귀가 우리 삶의 주도권을 잡고 우리를 쥐락펴락하기 시작한다. 우리의 악한 격정은 마귀가 가장 좋아하는 활동 무대인 동시에 마귀가 제멋대로 기능하는 가장 넓은 지대이다. 그러니 당신의 분개, 격노, 비통함을 진압하라! 벌겋게 가열된 모든 충동, 거룩하지 못한 모든 욕구, 하나님께로부터 오지 않은 모든 감정을 진압하고 제거하라! 온유함과 용서가 우리 심령을 다스릴 때 마귀의 농사는 흉작이 될 것이다.

"그런즉 너희는 하나님께 복종할지어다 마귀를 대적하라 그리하면 너희를 피하리라"(약 4:7)라는 말씀은 우리 삶에서 마귀를 제거하기 위한 야고보 사도의 간결한 지침이다. '대적하다'는 용어는 "어떤 것에 반감을 품다, 반대하다"라는 의미이다. 어떤 점에서든지 아무것도 마귀에게 양보하지 말고 모든 면에서 반대하라! 마귀의 계획과 제안과 방법에 관한 한, 마귀의 반대편에 소속을 두고 항상 반대하라!

마귀가 제안하는 것들을 강하고 담대하게 거부하면 이미 절반은 승리한 셈이다. 머뭇거리는 것은 패하는 것이다. 그것에 대해 자꾸 생각하며 말하는 것은 굴복하는 것이다. 아주 조금 양보하는 것은 우리의 영토를 통째로 내어주는 것이다. 마귀는 그리스도인의 단호함과 결단과 반대를 견디지 못한다. 단호하게 결단하고 타협하지 않으면 마귀를 손쉽게 무찌를 수 있다. 하나님께 충성하는 것이 마귀를 궤멸하는 것이다.

차분하고 침착한 태도로 경계하라

베드로 사도는 다음과 같이 말함으로써 이와 동일한 간략하고 중요한 교훈을 가르친다.

> 근신하라 깨어라 너희 대적 마귀가 우는 사자같이 두루 다니며 삼킬 자를 찾나니 너희는 믿음을 굳건하게 하여 그를 대적하라 이는 세상에 있는 너희 형제들도 동일한 고난을 당하는 줄을 앎이라 벧전 5:8,9

이 지침의 첫째 부분은 우리 각자의 성품에 대해 언급한다. 마귀와의 싸움에서는 우리의 성품이 가장 중요한 고려 사항이다. 강하고 선한 성품은 완전무장을 하게 된다. 우리의 성품은 모든 인간관계와 일과 시련을 통해 드러난다. 그러나 사탄과의 대결만큼 우리의 성품에 대해 명확히 말해주는 것은 없다.

우리는 맑은 정신을 유지해야 하며, 차분해야 하며, 침착해야 하며, 모든 격정과 방종으로부터 자유로워야 한다. 우리는 언제나 영적 위험과 마귀의 기만을 의식해야 한다. 항상 주의하고 경계하며 신중하게 행동하는 그리스도인은 부주의나 태만으로 인해 마귀에게 기습당하거나 압도되지 않을 것이다. 우리는 강력하고 위험하고 잔혹한 원수의 등장을 대비해 항상 깨어 있어야 한다. 이것이 우리의 최선의 방어책이다.

앞에서 언급한 것처럼 젊은 과부의 슬픔보다 더 비통한 것은 없다. 그래서 젊은 과부들은 사탄의 공격에 쉽게 노출된다. 바울은 다음과 같은 지침을 내려 젊은 과부들이 방어 자세를 취해 원수의 간악한 공격으로부터 그들을 지켜주었다.

그러므로 젊은이는 시집가서 아이를 낳고 집을 다스리고
대적에게 비방할 기회를 조금도 주지 말기를 원하노라 이
미 사탄에게 돌아간 자들도 있도다 딤전 5:14,15

이타적 의무의 화관花冠을 쓴 삶, 이타적 의무에 충실한 삶보
다 더 확실한 사탄에 대한 방어책은 없다. 젊은 과부들이 그런
의무를 충실히 수행할 때 마귀는 비방할 기회를 얻지 못할 것
이다.

야고보 사도는 "마귀를 대적하라"(약 4:7)라고 가르친다. 우리
의 의지와 생각과 양심과 심령과 우리 자신이 마귀를 반대하
라고 가르친다. 우리는 정확하고, 확고하고, 강력하게 하나님
의 말씀을 붙들어야 한다. 불요불굴의 자세로 하나님의 말씀
을 붙잡는 그리스도인은 마귀의 맹습에 끄떡도 하지 않는 난
공불락의 요새가 될 것이다. 모든 시대에 걸쳐 하나님의 성도
들이 유혹과 수고와 고통을 당해왔다. 그러나 우리는 사탄과
의 전쟁을 통해 완전해지고, 강해지고, 확고해지고, 안정된다.

베드로 사도는 우리의 대적 마귀가 먹이를 찾아 두루 다니
고 있으니 "근신하라"(벧전 5:8)라고 명했다. 일체의 격정으로부

터 자유로운 차분하고 침착한 상태, 우리의 모든 능력을 통솔할 수 있는 이 상태는 사탄을 성공적으로 대적하기 위한 본질적 요소이다. 격정적인 인간은 나약한 인간이다. 냉철한 머리와 차분한 심령은 사탄과의 이 싸움을 성공적으로 치르는 데 필수 요건이다. 베드로는 여기에 경계를 더하면서 "깨어라"(벧전 5:8)라고 명했다. 사탄을 주시하라! 확실히 주시하라! 신중하게 살피며 행동하라! 경계는 우리를 깨우고 근신은 우리를 일으킨다. 그리고 이 두 가지는 우리에게 최대한의 힘을 준다.

야고보 사도는 "마귀를 대적하라 그리하면 너희를 피하리라"(약 4:7)라고 꾸밈없이 실제적으로 말했다. 마귀를 대적한다는 것은 마귀에게 반대하며 아무것도 양보하지 말라는 의미이다. 우리는 오직 싸우기 위해 마귀를 만나야 하며 오직 뿌리치기 위해 마귀와 말해야 한다. 베드로 사도는 "믿음을 굳건하게 하여 그를 대적하라"(벧전 5:9)라고 말했다. 이는 믿음을 견고히 세우고 확고히 해야 한다는 의미이다. 당신이 믿는 것을 굳게 붙잡아라! 왜냐하면 자유주의를 신봉하는 이들은 마귀를 품고 있지 않더라도 마귀에게 우호적이라서 마귀와 싸우지 않기 때문이다.

용서의 영

언제나 용서의 영을 유지하고 지속적으로 실천하는 것이 마귀의 공격에 대한 궁극적인 방어책이다. 용서하지 않는 영은 사탄을 우리 심령 안에 들이는 가장 넓은 문일 뿐 아니라 사탄을 가장 뜨겁게 환영하며 가장 강력히 초대하는 초대장이다.

사도 바울은 사탄이 우리 삶에 침입하지 못하게 막는 장벽이 '용서의 영'이라고 역설했다. 뿐만 아니라 자신이 솔선하여 용서를 실천함으로써 사탄이 들어오지 못하도록 급히 문을 닫았다.

> 너희가 무슨 일에든지 누구를 용서하면 나도 그리하고 내가 만일 용서한 일이 있으면 용서한 그것은 너희를 위하여 그리스도 앞에서 한 것이니 이는 우리로 사탄에게 속지 않게 하려 함이라 우리는 그 계책을 알지 못하는 바가 아니로라 고후 2:10,11

우리가 모든 비통함과 원한과 복수심으로부터 자유로운 용서의 영을 품고 있을 때, 우리는 사탄을 초대하는 모든 상황으로부터 우리 자신을 해방시킬 수 있으며 사탄이 우리 삶에 들락거리는 것을 효율적으로 막을 수 있다. 사탄이 우리 삶에 출입하는 것을 금지시키기 위한 가장 빠른 방법은 용서의 영을 지속적으로 유지하는 것이다. 우리가 "아버지 저들을 사하여 주옵소서 자기들이 하는 것을 알지 못함이니이다"(눅 23:34)라고 기도할 수 있을 때보다 사탄이 지옥에 더 깊이 떨어지는 때도 없고, 우리에게서 더 멀리 도망치는 때도 없다.

그리스도의 종들이 어떤 영을 소유하고 있느냐에 따라 마귀의 일이 큰 도움을 받기도 하고 또 엄청난 훼방을 받기도 한다. 온유함은 아름다운 장식 뿐 아니라 초석礎石으로서 그리스도의 종들에게 썩 잘 어울리는 성품이다. 유순함과 온유함은 사람들을 그리스도께 인도한다. 그것들이 그리스도의 성품을 닮은 것이기 때문이다. 반면 거만함과 성급함과 언쟁은 그리스도를 위한 유능한 전사가 되지 못하게 한다.

주의 종은 마땅히 다투지 아니하고 모든 사람에 대하여 온유하며 가르치기를 잘하며 참으며 거역하는 자를 온유함으로 훈계할지니 혹 하나님이 그들에게 회개함을 주사

진리를 알게 하실까 하며 그들로 깨어 마귀의 올무에서
벗어나 하나님께 사로잡힌 바 되어 그 뜻을 따르게 하실
까 함이라 딤후 2:24-26

말씀의 검을 휘둘러라

마귀는 정복되어야 할 대상이다. 마귀는 은밀하고 교활하고
교묘한 술수로 가득한 위선자일 뿐 아니라 전쟁을 좋아하는
존재이다. 마귀는 수많은 원정과 전투에서 경험을 쌓은 노련
한 전사로 명성이 자자하다. 마귀의 용맹과 기교는 하늘에서
테스트를 받았다. 하늘이 마귀의 전투 현장이자 패전의 현장
이었을 때는 천사들이 그의 대적이었다. 그러나 마귀는 지금
여기 이 땅에서 우리 그리스도인들을 상대로 여전히 싸우고
있다. 마귀를 상대하여 정복하는 데는 불과 용맹과 열정이 필
요하다.

마귀는 반드시 정복되어야 한다. 마귀에 대한 승리는 그리
스도인들의 전선 전반에 걸친 승리이다. 마귀를 정복하는 데
는 용기와 힘이 필요하다. 마귀는 겁쟁이가 아니며 의기소침
한 적수도 아니기 때문이다. 이 싸움에는 성숙한 믿음에서 우

러나오는 열정과 힘이 절대적으로 필요하다.

하나님 말씀은 마귀를 정복하는 검劍이다. 자신의 화살집을 하나님의 화살로 가득 채운 그리스도의 군사는 사탄과 죄의 심장부를 민첩하고 강하게 꿰뚫어 치명타를 입힌다. 그런 그리스도인은 마귀를 넉넉히 이기고도 남는다(롬 8:37 참조). 하나님의 아들 그리스도께서 마귀와의 싸움에서 친히 사용하셨던 무기는 하나님의 말씀이었다. 그리스도께서는 이 무기를 사용하여 마귀를 정복하셨다.

사도 요한은 "청년들아 내가 너희에게 쓴 것은 너희가 강하고 하나님의 말씀이 너희 안에 거하시며 너희가 흉악한 자를 이기었음이라"(요일 2:14)라고 말했다. 주님의 마음에 가장 가까이 있던 '사랑의 사도' 요한은 이런 승리로 충만했다. 주님을 향한 요한의 사랑은 실로 진실한 사랑이었으므로 병적인 감상으로 오그라들지 않았고, 마귀를 단순한 영향력으로 기화氣化시키지도 않았다. 사도 요한은 그리스도와 마귀를 참으로 심오하게 체험했고 그 체험을 생생하게 기억하고 있었다. 따라서 마귀를 비인격적인 존재로 믿거나 그리스도를 비인격적이신 분으로 믿지 않았다. 사도 요한은 원수와의 전투에서 얻은 상처를 자신의 영혼에 지니고 있었다. 그는 그리스도의 젊은 군사들이 마귀와 싸우는 것을 목격했고 승리를 함께 나눈 적도 있다. 그래서 지금 이렇게 그들의 승리를 기록한 것이다.

마귀와 싸워라! 정복하라! 이것이 사도 요한이 말한 영적 능력의 "아비들"(요일 2:13), 즉 영적인 능력 면에서 깊이 뿌리를 내린, 튼튼한 기초 위에 서 있는, 완전한 아비들이 되기 위한 방법이다. 사도 요한은 마귀를 정복하는 것이 세상을 정복하는 것의 선행 조건이라고 말했다.

두 눈 부릅뜨고 깨어 있어라

어떤 죄인이 그리스도인으로 새로 태어나는 강렬한 체험을 할 때, 그 사람은 망루에 서 있는 파수꾼처럼 빈틈없이 경계하는 태도를 길러야 한다. 원수가 전선에서 대열을 정비하고 있는 지금, 그리스도인들은 파수꾼과 같은 태도를 지녀야 한다. 그리스도인들은 마치 왕의 죄수를 감시하는 경비병 모양으로 적에게 포위된 도시의 성벽 위에 우뚝 서야 한다. 이렇게 경계하며 스스로를 지키는 것이 염증을 일으키는 사탄의 공격으로부터 자신을 보호하는 안전한 방책이다.

신실한 그리스도인이 신중히 경계하며 정결함을 유지할 때, 사탄이 찾아와도 어찌할 방도를 찾지 못할 것이다(요 14:30 참조). 그 사람이 불철주야 경계하면서 사탄이 유리한 위치를 차지하지 못하게 막을 것이기 때문이다.

> 하나님께로부터 난 자는 다 범죄하지 아니하는 줄을 우리가 아노라 하나님께로부터 나신 자가 그를 지키시매 악한 자가 그를 만지지도 못하느니라 또 아는 것은 우리는 하나님께 속하고 온 세상은 악한 자 안에 처한 것이며
>
> 요일 5:18,19

'우리 자신을 지키는 것'은 사탄이 우리를 지켜주지 않으리라는 것을 가장 확실하게 해주는 보증이다.

'경계하는 것'이 가장 안전한 방책이다. 마귀는 우리를 넘어뜨리기 위해 수천 가지 도구를 이용해 수천 가지 방법으로 접근한다. 수천 가지 비방을 퍼붓고 수천 가지 깜짝 놀랄 일들로 맹습을 감행한다. 따라서 빈틈없는 경계가 우리의 안전을 확보하는 유일한 방책이다. 우리는 마귀의 형체를 보고 두려

워질 때 눈을 크게 뜨고 깨어 경계해야 할 뿐 아니라 마귀가 잘 보이지 않을 때에도 보기 위해 눈을 크게 뜨고 경계해야 한다. 우리는 마귀가 수천 가지 위장술 가운데 어떤 방법으로 위장하고 접근하더라도 능히 격퇴할 수 있어야 한다. 이것이 가장 지혜롭고 안전한 처신이다.

신약성경의 경보 발령 가운데 마귀를 경계하라는 경보만큼 빈번한 것은 없다. 마귀를 경계하라는 경보만큼 마귀에게 치명상을 입히는 것도 없으며, 마귀를 경계하라는 경보만큼 마귀를 쉽사리 패주시키는 것도 없다. 망루에 올라가는 그리스도인은 사탄의 모든 기습을 저지할 것이다. 망루에 올라가는 것이 언제나 승리의 본질적 요소가 된다.

하나님의 아들 그리스도께서는 이 경보를 많은 가르침의 기조로 삼으셨다. 그것은 눈 붙일 겨를도 없이 경계하고 언제나 사탄의 기습에 대비하라는 경보였다. 이는 목자의 모습에서 차용한 이미지이다. 우리는 야곱이 라반에게 분노로 방어하고 저항하는 행위에서 경계하는 목자의 모습을 볼 수 있다.

내가 이와 같이 낮에는 더위와 밤에는 추위를 무릅쓰고

눈 붙일 겨를도 없이 지냈나이다 창 31:40

경계는 냉담과 무관심에 반대되는 개념이다. 이것은 마치 엄청난 위험에 직면한 사람처럼 '잠을 이루지 못하는' 상태를 의미한다. 이것은 잠에 영향을 받지 않는 신중한 상태이다. 그리스도인이 이런 상태에 있을 때 나른함과 당혹감은 사라진다. 그런 상태는 그리스도인들이 나태와 영적 게으름에 빠지지 않도록 분발시킨다.

주님이 사데교회에 촉구하신 경계를 잘 들어보라. 주님께서는 교회의 외양을 멋지게 꾸미고 교회 조직을 제대로 편성하느라 영적으로 무뎌지고 그로 인해 깊은 잠에 빠진 사데교회를 향해 잠에서 깨어나라고 촉구하셨다(계 3:1-6 참조). 에베소교회는 경계에 인내의 기도를 결합하라는 충고를 받았다(엡 6:18 참조). 고린도교회는 "깨어 믿음에 굳게 서라"(고전 16:13)라는 촉구를 받았다. 골로새교회는 "기도를 계속하고 기도에 감사함으로 깨어 있으라"(골 4:2)라는 권면을 받았다. 데살로니가교회는 "다른 이들과 같이 자지 말고 오직 깨어 정신을 차릴지라"(살전 5:6)라는 말씀을 들었다.

젊은 목회자 디모데는 모든 일에 신중해야 했다(딤후 4:5). 베드로는 만물의 엄숙한 종말이 급히 다가오고 있으니 "정신을 차리고 근신하여 기도하라"(벧전 4:7)라고 경보를 발령하며 "근신하라 깨어라 너희 대적 마귀가 우는 사자같이 두루 다니며 삼킬 자를 찾나니"(벧전 5:8)라고 경고했다.

주님께서는 요한계시록에서 엄중히 경고하신다.

보라 내가 도둑같이 오리니 누구든지 깨어 자기 옷을 지켜 벌거벗고 다니지 아니하며 자기의 부끄러움을 보이지 아니하는 자는 복이 있도다 계 16:15

주님께서는 지상에서 사역하실 때 매우 빈번하게 경계를 촉구하셨다. "그러므로 깨어 있으라 어느 날에 너희 주가 임할는지 너희가 알지 못함이니라"(마 24:42)라고 말씀하셨고, "그런즉 깨어 있으라 너희는 그 날과 그 때를 알지 못하느니라"(마 25:13)라고 말씀하심으로써 '경계'라는 중요한 은혜를 나타내라고 명령하셨다. 또 반복해서 "그러므로 깨어 있으라"(막 13:35)라고 명하셨다.

주님이 우리를 향해 힘차게 부는 나팔소리, 주님의 사자들을 통해 포효하는 함성은 바로 '깨어 있어라!'는 것이다. 온전히 깨어 있어라! 두 눈 부릅뜨고 깨어 있어라!

이러므로 너희는 장차 올 이 모든 일을 능히 피하고 인자 앞에서 서도록 항상 기도하며 깨어 있으라 눅 21:36

깨어 기도하라! 주님은 제자들에게 명하셨고, 우리에게도 "시험에 들지 않게 깨어 기도하라 마음에는 원이로되 육신이 약하도다"(마 26:41)라고 명령하신다. 우리의 육신은 약하다. 그러므로 우리가 육신 안에 있는 동안, 언제나 기도와 경계를 늦추지 말아야 한다.

보혈의 능력

죽기까지 신실함을 지키고 생명을 아끼지 않은 순교자들은 마귀와의 싸움에서 승자들이다.

내가 또 들으니 하늘에 큰 음성이 있어 이르되 이제 우리

> 하나님의 구원과 능력과 나라와 또 그의 그리스도의 권세
> 가 나타났으니 우리 형제들을 참소하던 자 곧 우리 하나
> 님 앞에서 밤낮 참소하던 자가 쫓겨났고 또 우리 형제들
> 이 어린양의 피와 자기들이 증언하는 말씀으로서 그를 이
> 겼으니 그들은 죽기까지 자기들의 생명을 아끼지 아니하
> 였도다 계 12:10,11

사탄과의 싸움에서 승리자가 되려는 전사들은 "영원한 언약의 피"(히 13:20) 뿌림을 받아야 한다. 이 싸움에서 그리스도를 위해 싸우는 전사들은 그 피의 구원 능력을 체험해야 한다. 그들은 어떤 사람 앞에서도 복음의 증인이 될 수 있는 능력과 어떤 대가를 치르더라도 순교자가 될 수 있는 능력이 있어야 한다. 그리고 그 성품은 언제나 그리스도에 대한 헌신과 그리스도의 구원의 체험으로 나타내야 한다. 그들은 "내 사랑하는 자는 내게 속하였고 나는 그에게 속하였도다"(아 2:16)라고 부끄러움 없이 고백할 수 있어야 한다.

우리가 그리스도의 피를 드러낼 때 사탄은 견디지 못한다. 사탄은 갈보리를 쳐다볼 때마다 창백해진다. 그리스도의 십

자가는 사탄의 퇴각을 알리는 신호이다. 이 보혈의 뿌림을 받은 심령은 사탄이 감히 밟지 못하는 거룩한 땅이 된다. 그리스도의 피 뿌림을 받은 전사들이 나타날 때 사탄은 겁에 질려 벌벌 떤다.

사탄은 천사장 1개 군단의 협공보다 그리스도의 보혈의 능력을 더 무서워한다. 십자가 보혈은 모든 것을 파괴하며 돌진하는 무적불패 군대의 진격과 같다. 사탄은 그 피를 바른 전사들과 전사들의 증거를 무서워한다. 보혈의 능력의 증인인 순교자들은 불기둥보다 더 견고하게 사탄의 접근을 막는 장벽이 된다. 천국은 속죄의 피를 체험한 진실한 그리스도인들을 사탄의 공격으로부터 안전하게 보호한다. 이미 천국에 들어간 성도들은 이런 식으로 사탄을 정복했다. 그렇다면 우리 또한 어린양의 피와 우리의 증언으로 사탄을 정복해야 한다.

01 원수에게 주도권을 빼앗기지 말라.

한순간도 원수에게서 한눈을 팔면 안 된다. 원수에게 틈을 주지 말라. 당신 삶의 모든 공간에 마귀가 들어오지 못하게 하라! 우리가 분을 내면 마귀가 활동할 여지를 준다. 우리의 격정은 마귀가 가장 좋아하는 활동 무대이다. 분개, 격노, 비통함을 진압하라! 벌겋게 가열된 충동, 거룩하지 못한 욕구, 하나님께로부터 오지 않은 모든 감정을 진압하고 제거하라! 온유함과 용서가 우리 심령을 다스릴 때 마귀의 농사는 흉작을 거둘 것이다.

02 원수의 모든 것에 대적하라.

원수는 대적해야 할 존재이다. 마귀에게 그 무엇도 양보하지 말고 모든 면에서 반대하라! 마귀의 계획과 제안과 방법에 관한 한, 마귀의 반대편에 소속을 두고 항상 반대하라! 원수는 반드시 정복되어야 한다. 마귀에 대한 승리는 그리스도인들의 전선 전반에 걸친 승리이다. 그리고 이 싸움에는 성숙한 믿음에서 우러나오는 열정과 힘이 절대적으로 필요하다.

03 경계를 멈추지 말고 깨어 기도하라.

주님은 '경계'를 매우 빈번하게 촉구하셨다. 주님이 우리를 향해 힘차게 부는 나팔소리, 주님의 사자들을 통해 포효하는 함성은 바로 '깨어 있어라!'는 것이다. 깨어 기도하라! 주님은 제자들에게 명하셨고, 우리에게도 "시험에 들지 않게 깨어 기도하라 마음에는 원이로되 육신이 약하도다"(마 26:41)라고 명령하신다. 우리가 약한 육신 안에 있는 동안, 언제나 기도와 경계를 늦추지 말아야 한다.

너희는 장차 올 이 모든 일을 능히 피하고
인자 앞에서 서도록 항상 기도하며 깨어 있으라
누가복음 21장 36절

✝

끝으로 너희가 주 안에서와 그 힘의 능력으로 강건하여지고 마귀의 간계를 능히 대적하기 위하여 하나님의 전신갑주를 입으라 우리의 씨름은 혈과 육을 상대하는 것이 아니요 통치자들과 권세들과 이 어둠의 세상 주관자들과 하늘에 있는 악의 영들을 상대함이라 그러므로 하나님의 전신갑주를 취하라 이는 악한 날에 너희가 능히 대적하고 모든 일을 행한 후에 서기 위함이라 그런즉 서서 진리로 너희 허리띠를 띠고 의의 호심경을 붙이고 평안의 복음이 준비한 것으로 신을 신고 모든 것 위에 믿음의 방패를 가지고 이로써 능히 악한 자의 모든 불화살을 소멸하고 구원의 투구와 성령의 검 곧 하나님의 말씀을 가지라 모든 기도와 간구를 하되 항상 성령 안에서 기도하고 이를 위하여 깨어 구하기를 항상 힘쓰며 여러 성도를 위하여 구하라 엡 6:10-18

그리스도의 군사는 기도의 갑옷을 입고 하나님께 부르짖는다

손쉬운 과녁

우리의 많은 기도가 핵심을 놓치고 수포로 돌아가는 까닭은 기도할 때 신중하게 경계하지 않았기 때문이다. 그리스도인의 삶에 통탄할 실패가 많은 까닭은 경계에 실패했기 때문이다. 사탄의 가장 손쉬운 과녁은 잠자는 그리스도인이다. 오늘날 많은 그리스도인들이 그들의 영혼을 잃는 까닭은 사탄의 공격에 깨어 있지 못하기 때문이다. 정치적 자유를 확보하기 위해서도 부단히 경계해야 하는데 하물며 우리의 영적 안전을 위해서는 어떻겠는가? 어리석은 다섯 처녀는 이 중요한 사실을 깨닫지 못해서 천국을 잃고 말았다. 그들이 깨어 신중하게 경계했다면 신랑과 함께 천국의 성대한 잔치에 들어가는 거룩한 기쁨을 맛보았을 것이다(마 25:1-13 참조).

앞서 제시한 에베소서 6장에는 사탄과 사탄의 군대와의 전쟁에 쓰이는 모든 무기들이 기술되어 있고 방어와 승리의 원천에 대해서도 제시되어 있다. 우리는 이 구절에서 영원의 문제를 결말짓기 위해 벌이는 맹렬한 싸움과 그 싸움이 벌어지는 전장戰場을 볼 수 있다.

우리의 싸움 상대

그리스도인의 싸움은 마귀와의 싸움이자 마귀가 사용하는 방법과의 싸움이다. 마귀의 몸부림은 명령, 지혜, 기술로 나열된다.

> 우리의 씨름은 혈과 육을 상대하는 것이 아니요 통치자들과 권세자들과 이 어둠의 세상 주관자들과 하늘에 있는 악의 영들을 상대함이라 엡 6:12

통치자들과 권세자들은 마귀의 지배를 받고 그 명령에 복종하며 명령을 충실히 이행한다. 그들은 원수를 전적으로 대리하는 마귀의 부관들이자 각료들이며 군대장관들이다. 그들은 세상을 널리 지배하며 힘을 행사하는 통치자들이다.

그들은 세상의 모든 악한 세력들을 지배하며 다스린다. 마귀와 그의 동무들이 세상을 통치하는 것이다. 그들의 힘은 세상 끝까지 퍼져 있다. 그들의 임무는 악을 위해 선(善)과 인간을 거슬러 세상을 통치하는 것이다. 그들의 부하들, 그들 수하에 있는 병사들의 수는 셀 수 없이 많으며 하나같이 무적의 힘(하나님의 장비를 착용한 그리스도의 군사에게는 통하지 않는)을 소유하고 있다.

아! 실로 공격적이고, 사악하고, 잔인한 원수들이 얼마나 엄청나고 강력한 전투 대형으로 우리를 위협하는지! 그들은 천국과 같은 곳, 그리스도의 능력이 임하는 바로 그곳에 주둔하고 있다. 이 극악한 세력들은 우리의 바로 위에, 저 멀리에, 우리 주변에 있다. 그들은 우리가 감당하기에는 너무 강한 상대이다. 이처럼 우리는 눈에 보이지 않고 셀 수 없이 많으며 못할 것이 없는 엄청난 무리들과 씨름을 하고 있는 것이다. 씨름이라는 것은 가까이 붙어서 싸우는 것이다. 씨름은 우리의 모든 힘을 시험하고 모든 근육을 팽팽하게 긴장시키는 격렬하고도 힘겨운 싸움이다. 씨름을 할 때 손과 손, 발과 발이 서로 맞닿는다.

우리가 그리스도인의 삶을 살아갈 때 사람들이 극심하게 방해하고 훼방하기도 하지만, 이 싸움은 본질적으로 사람과의 싸움이 아니다. 우리의 주요 국지전과 전면전은 사람을 상대하는 것이 아니라 악한 원수의 세력들을 상대하는 것이다. 이 싸움은 우리의 생사生死를 좌우하는 싸움이요, 천국을 위해 싸우느냐 지옥을 위해 싸우느냐 하는 싸움이요, 시간을 위해 싸우느냐 영원을 위해 싸우느냐 하는 싸움이다.

그리스도의 군사가 입어야 할 옷

그리스도인은 그리스도인이라는 신분에 따라 실제 삶에서 군사가 되어야 한다. 그리스도의 군사는 근본적으로 자기 생활에 얽매이지 않아야 한다(딤후 2:4). 자기부정과 용기와 인내의 요소가 군사 훈련의 핵심이다.

이 고결한 특징은 '힘'이라는 열매를 맺는다. 이 힘은 세상 군대의 힘을 훨씬 능가한다.

너희가 주 안에서와 그 힘의 능력으로 강건하여지고 엡 6:10

그리스도의 군사들은 이 싸움을 준비할 때 자기 자신의 너머에 있는 것을 보아야 한다. 하나님의 힘, 하나님의 전능하심에서 비롯되는 힘을 자신의 힘으로 삼을 줄 알아야 한다.

그러면 어떻게 해야 하나님의 힘을 우리의 힘이 되게 할 수 있을까? 우리는 원수의 공격을 견디는 능력, 원수와 싸우는 능력, 원수를 정복하는 능력, 원수를 전장에서 몰아내는 능력을 하나님의 전신갑주에서 찾을 수 있다. 하나님께서는 하나님의 전신갑주를 통해 자신의 힘을 우리에게 부여하신다. 하나님께서는 우리가 마귀를 상대할 힘을 주실 수 있는 완벽한 능력이 있으시다. 우리가 하나님이 주시는 장비를 착용하기만 하면 마귀를 능히 상대할 수 있을 것이다.

사도 바울은 에베소서 말씀에서 동일한 명령을 두 차례 반복함으로써(엡 6:11,13 참조) 우리가 반드시 하나님의 전신갑주를 취해야 한다는 것을 두 배로 강조했다. 우리는 하나님의 전신갑주를 취함으로써 하나님을 취한다. 그러므로 하나님의 전신갑주를 우리 것으로 만들어야 한다. 우리는 하나님의 전신갑주를 입음으로써 겉이 아니라 안에, 객체가 아니라 주체로서, 육신이 아니라 영적으로 하나님을 입는다. 그리스도께서 전신갑주를 만드셨고, 성령께서는 그것을 우리에게 입혀 우리 것으로 만들어주신다.

우리는 "모든 일을 행한 후에 서기 위해"(엡 6:13) 끝까지 싸워야 한다. 이 싸움의 맹렬함을 버텨낸 군사들만이 마지막에 설 수 있을 것이다. 그러므로 우리는 주님이 주시는 것을 얻고 붙잡은 다음에 전진해야 한다. 이 싸움을 위해 준비하라! 그리고 이 싸움에서 우뚝 서라!

진리의 허리띠와 의의 호심경

우리는 '중심의 진실함'(시 51:6)을 덧입어 강해져야 한다. 우리는 상상 속에서 전투를 하는 상상의 군사들이 아니다. 모든 것이 다 실제이며 진짜이다. 진리의 허리띠를 질끈 동여맨 군사는 진리로 충만해질 것이므로 강해질 것이다. 이 싸움을 준비해 맹렬하게 싸울 것이다. 진리는 보석이 촘촘히 박힌 허리띠의 장식이요 금 가운데 박힌 다이아몬드이다. 우리는 우리 삶의 힘이요 지주인 진리를 의지하여 원수를 정복해야 한다.

우리는 진리를 알며 진리를 소유하고 있다. 우리가 진리이신 예수 그리스도를 소유하기 때문이다.

우리의 의로운 심령은 우리의 머리와 삶을 의롭게 한다. 우리는 의로운 심령 없이는 싸울 수 없다. "의의 호심경"(엡 6:14)은 우리의 가슴을 보호해주며 우리가 올바로 느끼게 해준다. 세상에서 가장 솜씨 좋은 장인(匠人)이라도, 교회의 전통에 가장 충실한 의식이라도 우리의 옛 심령을 바꾸지 못한다. 우리의 옛 심령에 아무리 땜질을 해도 그것을 옳은 심령으로 만들 수는 없다. 그것이 돌처럼 단단하고, 요단의 물줄기처럼 심하게 굽어 있기 때문이다. 아무리 뜨거운 도가니라도 그것을 부드럽게 만들지 못하며, 지속적인 인간의 노력도 그것을 곧게 펴지 못한다. 우리에게는 새로운 심령, 그리스도의 피로 눈보다 더 희게 씻긴 새로운 심령이 필요하다. 그리스도의 심령의 한쪽, 완벽하고 의롭고 정결하고 선한 그분의 심령의 한쪽, 바로 이것이 우리에게 필요하다.

준비의 신과 믿음의 방패

우리의 발은 언제나 가려고 하는, 행하려고 하는, 고난당하고자 하는 준비의 신을 신어야 한다. 이 말은 우리 삶에 일체의 굼뜬 움직임이나 하나님의 뜻을 행하기 거리끼는 태도를 용인하지 않는다는 의미이다. 경계를 게을리 하면 생명과 죽음, 땅과 천국, 희생과 봉사, 행함과 고난을 위해 아무것도 '준비되지 않은 상태'라는 결과가 파생된다. 그것은 그리스도인의 기백의 신경을 도려내며, 그리스도인들을 마귀의 맹습에 그대로 노출시켜 결정적으로 패배하게 한다. 항상 준비하는 태도는 그리스도의 군사가 지켜할 안전 수칙이다. 언제든 행동을 개시할 수 있게 준비하고, 깨어서 마귀에 대한 경계 태세를 늦추지 않을 때 우리는 마귀를 이길 수 있다.

"믿음의 방패"(엡 6:16)는 전신갑주 중에서도 전체를 보호하는 중요한 무기이다. 마귀는 우리를 향해 뜨거운 독화살을 쏜다. 독화살이 우리의 머리를 향해 날아오든 가슴을 향해 날아오든, 믿음은 그것을 즉시 붙잡아 불을 꺼버린다.

용맹하고 강인한 믿음을 가진 군사에게 승리가 있음을 진정으로 믿는가? 지옥의 가장 유능한 책사策士라도 성도의 믿음을 분쇄할 만한 작전을 세운 적은 단 한 번도 없다. 마귀가 미친 듯이 쏘아대는 공포의 불화살은 믿음의 방패에 부딪히자마자 우리에게 아무 해도 입히지 못하고 땅에 떨어진다. 히브리서 기자는 믿음의 선진들을 언급하며 "이 사람들은 다 믿음을 따라 죽었으며"(히 11:13)라고 말했다. 그들은 그냥 죽은 것이 아니다. 믿음은 그들의 죽음을 절정의 순간으로 만들었다. 믿음의 선진들이 죽는 그 시각에 믿음이 '승리'라는 전리품을 거두었기 때문이다.

구원의 투구와 말씀의 검

투구는 사람의 머리를 보호한다. 그런데 사도 바울은 "구원의 투구"(엡 6:17)를 쓰라고 명한다. 구원받은 머리와 심령, 실제로 온전히 구원받은 머리와 심령이 우리의 머리를 보호하는 놋쇠보다 훨씬 더 강하다는 것을 명심하라. 거친 바다에서 닻이 배를 지탱하는 것처럼 온전히 구원받은 심령은 우리의 머리를 진리와 의義에 견고하게 붙들어 맨다. 사도 바울은 데살로니가의 형제자매들에게 보내는 편지에서 "구원의 소망"(살전 5:8)이 우리의 투구라고 말했다.

그리스도의 군사는 천국을 자신의 심령과 머리에 견고히 두어야 한다. 그들은 천국을 보고, 느껴야 하며, 자신의 눈과 심령 안에 언제나 천국이 있어야 한다. 천국이 아주 멀리 있는 것처럼 보일 때면 그리스도의 군사는 불안한 발걸음으로 행군을 멈출 것이고, 천국이 흐릿하게 보일 때에는 무기력하게 싸울 것이다. 그러나 천국을 명확하고 분명히 볼 때 그의 몸은 힘을 얻을 것이다. 그의 믿음은 열정을 얻고, 그의 장래는 영광을 얻을 것이며, 그의 현재는 승리를 얻을 것이다.

우리가 소망의 투구를 쓰고 있는 한, 우리의 머리는 절대 관통당하지 않을 것이다. 소망을 양육하라! 소망을 강하게 하라! 소망을 밝혀라! "우리가 소망으로 구원을"(롬 8:24) 얻기 때문이다. 우리는 성령의 능력으로 소망이 넘치는 사람들이 되어야 한다(롬 15:13 참조).

이어서 바울은 하나님의 말씀이 강력한 공격 무기, 곧 "성령의 검"(엡 6:17)이라고 말한다. 성령께서는 말씀의 검을 휘둘러 우리의 모든 원수들을 죽음으로 이끄신다. 하나님의 말씀은 우리의 전쟁터요 승리의 무기이다. 우리는 그 위에서 마귀와 이 싸움을 해야 한다. 우리는 말씀으로 모든 원수들을 상대해야 하며, 모든 원수들을 무찔러 밟아야 한다. 그리스도의 군사는 "떡으로만 살 것이 아니요 하나님의 입으로부터 나오는 모든 말씀으로"(마 4:4) 살아야 한다. 하나님의 말씀을 아무리 중요하게 여기더라도 결코 지나침이 없다. 그리스도께서는 말씀으로 원수를 좌절시켰다. 빈틈없이 경계하는 군사, 진실한 군사, 무적불패의 군사가 되려고 한다면 하나님의 말씀이 우리 안에 풍성히 거해야 한다(골 3:16 참조).

믿음의 방패는 기도의 토대이며 우리가 허리에 동이고 있는 진리의 본질이다. 우리의 머리와 손과 심령은 하나님의 말씀으로 충만해져야 하며 말씀에 흠뻑 젖어야 한다. 우리는 말씀 때문에 살고 말씀 때문에 성장하기 때문이다. 하나님의 말씀은 전투 개시를 알리는 명령이요 정복을 알리는 신호이다. 말씀은 사탄의 모든 공격을 무력화시키는 시퍼렇게 날이 선, 왕의 칼이다. 우리가 사탄을 향해 "성경이 말씀하기를"이라고 말할 때, 그 말이 예리한 검처럼 사탄의 심장을 찌른다.

하나님께서는 방어와 공격 무기로 사용되는 하나님의 말씀을 하나님의 모든 이름보다 더 높이신다. 하나님의 말씀으로 충만한 사람은 사탄의 모든 올가미와 술책에 대항하기 위해 무장하는 것이다.

하나님 말씀은 살아 있고 활력이 있어 좌우에 날선 어떤 검보다도 예리하여 혼과 영과 및 관절과 골수를 찔러 쪼개기까지 하며 히 4:12

우리가 사탄과의 싸움에서 말씀의 검을 휘두르며 전진할 때, 하나님의 말씀이 사탄의 관절과 골수를 관통해 힘을 약화시키고 약삭빠른 간계들을 소용없게 만든다는 것을 알게 될 것이다.

강력한 기도의 무기

사탄과 싸우는 그리스도의 군사는 "모든 기도"(엡 6:18)의 갑옷을 입는 법을 배워야 한다. 그리스도의 군사들은 때를 얻든지 못 얻든지 하나님의 필요를 깊이 의식하고 열렬하게 '모든 기도'를 드려야 한다. 우리의 기도는 반드시 다른 성도들을 위한 '간구'로 심화되고 강렬해져야 한다. 성령께서 우리를 강력한 기도에 이르도록 도우실 것이며, 이 거부할 수 없는 기도의 능력을 우리에게 덧입혀주실 것이기 때문이다.

마귀와의 격렬한 싸움은 잠들지 않는 철저한 경계와 항상 깨어 기도하는 것을 요구한다. 우리는 어떤 일이 일어나도 당황하지 않아야 한다. 이 싸움은 중단이나 쇠약이나 후퇴를 모르는 인내를 요구한다. 이런 자세로 기도하는 그리스도의 군사들은 영적 총명함으로 자신들의 필요를 깨달을 것이다. 그리고 이 필요를 채워주는 공급자가 무한의 능력이 있다는 것을 잘 알고 있다. 이들은 자신들에게 필요한 것을 공급받을 때까지, 그리고 공급받은 것을 안전하게 지킬 수 있을 때까지 인내로 기도해야 함을 잘 알고 있다.

이런 기도를 하는 기도의 전사戰士들은 하나님의 가족 구성원 전체에 대한 사랑의 공감 안에 자신들을 붙잡아두며, 그들의 싸움과 위험과 필요를 자신들의 싸움과 위험과 필요로 받아들일 것이다. 그리스도의 군사들은 하나님의 가족과 함께 전장에 대열을 편성할 것이며, 다른 모든 그리스도인들의 원수와 안전과 위험을 자신들의 것으로 떠맡을 것이다. '모든 성도를 위한 간구'(엡 6:18 참조)는 모든 성도에게 승리를 선사한다. 우리의 전선戰線은 하나이다. 따라서 패배든 승리든 이 싸움의 결과는 우리 모두에게 동일하게 미친다. 하나님의 전신갑주로 완전히 무장한 군사는 마귀와의 싸움에서 역전의 용사로 이름을 떨칠 것이며, 마귀의 공격에 털끝 하나 상하지 않는 무적불패가 될 것이다.

기도는 쉽지 않다. 기도를 하려면 기도할 조건이 충족되어야 한다. 물론 누구나 이런 조건을 조성할 수 있다. 그러나 평소에 기도하지 않는 사람은 기도가 절실히 필요할 때 기도할 조건을 '즉각' 조성하지 못한다. 신실하고 성결한 그리스도인은 언제나 기도할 수 있지만, 경박하고 태만하고 게으른 영靈은 그렇게 하지 못한다.

더욱이 기도는 독불장군처럼 혼자 서 있는 게 아니다. 기도는 고립된 행위가 아니다. 기도는 그리스도인의 삶의 모든 의무들과 연결되어 있다. 기도는 강력하고 활기찬 믿음의 요소들로 이루어진 성품에서 나온다. 기도는 하나님을 높이며, 하나님의 존재를 인정하며, 하나님의 능력을 찬양하며, 하나님의 섭리를 흠모하며, 하나님의 도우심을 확신한다.

어떤 회의주의자는 그리스도인의 헌신적인 삶을 합리적으로 설명하면서 삶의 모든 영역에서 그리스도께 헌신하는 것에 반대하는 목소리를 높일는지 모른다. 아마 그 사람은 그리스도인의 헌신이 기도만 하면 되는 것이라고 주장할는지 모른다. 그러나 제대로 기도하려면 모든 것들을 제대로 행해야 한다. 그 사람 말대로 그리스도인의 헌신이 기도만 하면 되는 것이라면, 우리의 헌신은 정말 '아무것도 하지 않는 것'이 되고 말 것이다. 왜냐하면 실제로 살아 움직이는 기독교의 모든 힘과 의무를 합한 것이 기도의 조건이기 때문이다.

하나님께 부르짖으라

기도는 하나님을 당당하게 우리 상황에 모셔 들인다. "너희가 장래 일을 내게 물으며 또 내 아들들과 내 손으로 한 일에 관하여 내게 명령하라"[사 45:11, 대부분의 영어성경이 이 구절을 '명령형'으로 종결하는데 우리말 성경은 대부분 '의문문'(명령하려느냐)으로 종결한다 - 역자 주]라고 말씀하신다.

하나님의 말씀은 우리에게 명령한다.

> 쉬지 말고 기도하라 살전 5:17

> 모든 일에 기도와 간구로, 너희 구할 것을 감사함으로 하나님께 아뢰라 빌 4:6

기도에 항상 힘쓰며 롬 12:12

각처에서… 기도하기를 원하노라 딤전 2:8

우리가 너희를 위하여 기도할 때마다… 아버지께 감사하
노라 골 1:3

기도의 명령이 포괄적인 것처럼 기도의 범위에 대한 약속
또한 무제한으로 확대된다.

너희가 기도할 때에 무엇이든지 믿고 구하는 것은 다 받
으리라 마 21:22

너희가 내 이름으로 무엇을 구하든지 내가 행하리니…
내 이름으로 무엇이든지 내게 구하면 내가 행하리라
요 14:13,14

너희가 내 안에 거하고 내 말이 너희 안에 거하면 무엇이

든지 원하는 대로 구하라 그리하면 이루리라 요 15:7

너희가 무엇이든지 아버지께 구하는 것을 내 이름으로 주
시리라 요 16:23

이 구절들의 '무엇이든지'의 범위에 포함되지 않거나 '무엇
이든지 내게 구하면'의 조건에 들어갈 수 없는 것이 있다면,
우리의 기도에서 누락시켜도 좋을 것이다. 우리의 언어로는
삶의 광범위한 영역을 포괄할 수 없고 삶의 세세한 부분도 완
전히 표현할 수 없다. 위의 진술들은 올바른 기도 요건을 충족
하는 그리스도인들에 대한 하나님의 약속 안에서 다 포괄할
수 있음을 나타내는 표본일 뿐이다.

이 구절들은 기도가 미치는 광범위한 윤곽을 개괄적으로 제
시할 뿐이다. 기도는 언어나 생각으로 다 포함할 수 없는 넓은
영역에 속한 모든 선한 것들에 영향을 미치고 그 모든 것을 우
리에게 제공한다. 바울은 기도할 때 자신이 사용할 수 있는 모
든 언어와 자신이 가진 모든 생각을 다 쏟아냈다. 그래도 그는
자신에게 필요한 것을 다 아뢰지 못했고, 자신이 선한 지대에

도달하지 못했고 아직 정복하지 못한 원수와의 싸움이 남아 있음을 인식했다.

사도 바울은 다음과 같은 기도를 드림으로써 말이나 생각으로 미처 구하지 못한 영역들을 모두 포괄했다.

> 우리 가운데서 역사하시는 능력대로 우리가 구하거나 생각하는 모든 것에 더 넘치도록 능히 하실 이에게 엡 3:20

주님께서 오늘 우리 모두에게 약속하신다.

> 너는 내게 부르짖으라 내가 네게 응답하겠고 네가 알지 못하는 크고 은밀한 일을 네게 보이리라 렘 33:3

01 기도의 전사가 되어야 한다.

그리스도인은 실제 삶에서 군사가 되어야 한다. 그리스도의 군사는 자기 생활에 얽매이지 않는다. 자기부정과 용기와 인내의 요소가 군사 훈련의 핵심이다. 그리스도의 군사들은 하나님의 전능하심에서 비롯되는 힘을 자신의 힘으로 삼아야 한다. 하나님의 전신갑주로 완전히 무장한 군사는 마귀와의 싸움에서 역전의 용사로 이름을 떨칠 것이며, 마귀의 공격에 털 끝 하나 상하지 않는 무적불패가 될 것이다.

02 준비의 신을 신어야 한다.

항상 준비하는 태도는 그리스도의 군사가 지켜야 할 안전 수칙이다. 언제 든 행동을 개시할 수 있게 준비하고, 깨어서 마귀에 대한 경계 태세를 늦추 지 않을 때 마귀를 이길 수 있다. 마귀와의 격렬한 싸움은 철저한 경계와 항상 깨어 기도하는 것을 요구한다. 이 싸움은 중단이나 쇠약이나 후퇴를 모르는 인내를 요구한다.

03 기도의 갑옷을 입으라.

그리스도의 군사는 '모든 기도'의 갑옷을 입는 법을 배워야 한다. 그리스 도의 군사들은 때를 얻든지 못 얻든지 하나님의 필요를 깊이 의식하고 강 렬하게 '모든 기도'를 드려야 한다. 우리의 기도는 반드시 다른 성도들을 위한 '간구'로 심화되고 강력해져야 한다. 성령께서 우리를 강력한 기도 에 이르도록 도우실 것이며, 이 거부할 수 없는 기도의 능력을 우리에게 덧입혀주실 것이다.

> 모든 기도와 간구를 하되 항상 성령 안에서 기도하고 이를 위하여
> 깨어 구하기를 항상 힘쓰며 여러 성도를 위하여 구하라
> 에베소서 6장 18절

기도로 원수를 밟으라

초판 1쇄 발행   2010년 6월 14일
초판 7쇄 발행   2022년 7월 20일

지은이   E. M. 바운즈
옮긴이   배응준

펴낸이   여진구
편집   이영주 정선경 최현수 안수경 김도연 김아진 정아혜
디자인   마영애 노지현 조은혜
홍보·외서   진효지
마케팅   김상순 강성민 허병용   마케팅지원   최영배 정나영
제작   조영석 정도봉   경영지원   김혜경 김경희 이지수

303비전성경암송학교 유니게과정   박정숙 최갑식
이슬비전도학교 / 303비전성경암송학교 / 303비전꿈나무장학회

펴낸곳   규장

주소   06770 서울시 서초구 매헌로 16길 20(양재2동) 규장선교센터
전화   02)578-0003   팩스 02)578-7332
이메일   kyujang0691@gmail.com   홈페이지 www.kyujang.com
페이스북   facebook.com/kyujangbook   인스타그램 instagram.com/kyujang_com
카카오스토리   story.kakao.com/kyujangbook
등록일   1978.8.14. 제1-22

책값   뒤표지에 있습니다.
ISBN   978-89-6097-165-3 03230

규 | 장 | 수 | 칙

1. 기도로 기획하고 기도로 제작한다.
2. 오직 그리스도의 성품을 사모하는 독자가 원하고 필요로 하는 책만을 출판한다.
3. 한 활자 한 문장에 온 정성을 쏟는다.
4. 성실과 정확을 생명으로 삼고 일한다.
5. 긍정적이며 적극적인 신앙과 신행일치에의 안내자의 사명을 다한다.
6. 충고와 조언을 항상 감사로 경청한다.
7. 지상목표는 문서선교에 있다.